T0204108

DANIEL GOLEMAN, psicólogo de renombre internacional, imparte habitualmente conferencias a grupos profesionales, auditorios empresariales y estudiantes universitarios. Como periodista científico, escribió durante muchos años sobre el cerebro y las ciencias del comportamiento en el *New York Times*. Su obra *La inteligencia emocional*, publicada en 1995, estuvo en la lista de los libros más vendidos del citado periódico durante un año y medio. Aparte de las obras acerca del concepto de la inteligencia emocional, Goleman ha escrito libros sobre temas como el autoengaño, la creatividad, la transparencia, la meditación, el aprendizaje social y emocional, la ecoalfabetización y la crisis ecológica.

Goleman, a quien el Accenture Institute for Strategic Change ha incluido en su lista de pensadores empresariales más influyentes, forma parte del consejo de administración del Mind & Life Institute, que promueve el diálogo y la investigación conjunta entre los practicantes de la contemplación y los científicos. También ha organizado una serie de conversaciones a fondo entre el Dalai Lama y distintos científicos que ha dado lugar a los libros *Emociones saludables* y *Emociones destructivas*.

Ha recibido numerosos galardones por su labor como periodista científico, entre ellos el premio Washburn de periodismo científico y el premio a toda una carrera profesional de la Asociación de Psicólogos Estadounidenses.

Papel certificado por el Forest Stewardship Council®

Título original: *Leadership. The Power of Emotional Intelligence*

Primera edición: abril de 2014
Decimosegunda reimpresión: noviembre de 2023

© 2011, Daniel Goleman
Publicado originalmente por More Than Sound LLC
© 2013, 2014, Penguin Random House Grupo Editorial, S. A. U.
Travessera de Gràcia, 47-49. 08021 Barcelona
© 2013, Carlos Mayor, por la traducción
Diseño de la cubierta: Penguin Random House Grupo Editorial

Penguin Random House Grupo Editorial apoya la protección del *copyright*.
El *copyright* estimula la creatividad, defiende la diversidad en el ámbito de las ideas
y el conocimiento, promueve la libre expresión y favorece una cultura viva.
Gracias por comprar una edición autorizada de este libro y por respetar las leyes del *copyright*
al no reproducir, escanear ni distribuir ninguna parte de esta obra por ningún medio sin permiso.
Al hacerlo está respaldando a los autores y permitiendo que PRHGE continúe publicando libros
para todos los lectores. Diríjase a CEDRO (Centro Español de Derechos Reprográficos,
http://www.cedro.org) si necesita fotocopiar o escanear algún fragmento de esta obra.

Printed in Spain – Impreso en España

ISBN: 978-84-9872-946-7
Depósito legal: B-10.736-2018

Impreso en Black Print CPI Ibérica
Sant Andreu de la Barca (Barcelona)

BB 2 9 4 6 D

Liderazgo

DANIEL GOLEMAN

Traducción de Carlos Mayor

Índice

Una sinergia sorprendente

Recuerdo que, justo antes de que se publicara *La inteligencia emocional*, se me ocurrió que, si un día oía casualmente una conversación en la que dos desconocidos mencionaran las palabras «inteligencia emocional» y los dos comprendieran su significado, habría logrado el objetivo de aumentar la difusión de ese concepto. Ni me imaginaba lo mucho que iban a cambiar las cosas.

El término *inteligencia emocional*, o IE, ha acabado siendo omnipresente. Ha aparecido en contextos tan insólitos como las tiras cómicas *Dilbert* y *Zippy the Pinhead*, así como en los chistes de Roz Chast en *The New Yorker*. He visto cajas de juguetes que prometen estimular la IE de los niños, y en los anuncios por palabras de periódicos y revistas en los que se busca pareja a veces se proclama a bombo y platillo. En una ocasión me topé con una frasecita sobre la IE impresa en un frasco de champú de una habitación de hotel.

Quizá la mayor sorpresa que me he llevado ha sido la repercusión de la IE en el mundo empresarial. La revista *Harvard Business Review* afirmó que se trataba de «una idea pionera que ha roto paradigmas» y que era uno de los conceptos empresariales más influyentes de la década.

Durante los diez años posteriores a la aparición de *La inteligencia emocional*, en 1995, proliferaron sus aplicaciones en el entorno laboral, en especial en la criba, la selección y el desarrollo del liderazgo. Y junto a ese creciente interés surgió un pequeño sector de consultores y *coaches* que en algunos casos anunciaban sus servicios con afirmaciones que iban mucho más allá de los datos contrastados. Para poner las cosas en su sitio, escribí una nueva introducción para la edición conmemorativa del décimo aniversario de *La inteligencia emocional*. Por entonces se había producido entre determinados psicólogos académicos una reacción comprensible en contra del concepto de la IE (y de las promesas exageradas que se hacían en su nombre). Han tenido que pasar unos años para que, con la llegada continuada de nueva información, gran parte de esas críticas haya menguado, y sólidas investigaciones hayan arrojado una imagen más empírica de las ventajas de la IE.

El Consorcio para la Investigación de la Inteligencia Emocional en la Empresa (CREIO, por sus siglas en inglés), que tiene su sede en la Universidad de Rutgers, ha marcado la pauta del impulso de esa labor científica, colaborando con entidades que van de la Oficina de Gestión de Personal del gobierno federal de Estados Unidos hasta American Express.

Cuando escribí *La inteligencia emocional* me centré principalmente en los nuevos descubrimientos sobre el cerebro y las emociones, en especial sus implicaciones en el desarrollo infantil y las escuelas, pero también incluí un capítulo sobre cómo afectaba aquel concepto, por entonces novedoso, a nuestra concepción del liderazgo: «Mandar con corazón.» El interés de la comunidad empresarial fue tan grande que dediqué los dos libros siguientes a las implicaciones de la inteligencia emocional en el entorno laboral *(La inteligencia emocional en la empresa)* y en el liderazgo propiamente dicho *(El líder resonante crea más: el poder de la inteligencia emocional)*. «Mandar con corazón», del que se incluye un extracto en el segundo capítulo de este volumen, recoge consejos prácticos para ofrecer críticas constructivas y habla de las consecuencias de las que, por el contrario, se gestionan mal. Ofrece, asimismo, un ejemplo concreto de la diferencia entre el liderazgo con y sin inteligencia emocional.

En la actualidad son tres los modelos principales de IE, con docenas de variaciones. Cada uno de ellos refleja una perspectiva distinta. El de Peter Salovey y John Mayer se asienta claramente en la tradición de la inteligencia perfilada por el trabajo original sobre el coeficiente intelectual de hace un siglo. El propuesto por Reuven Bar-On surge de sus investigaciones sobre el bienestar. Y el mío se centra en la conducta, en el rendimiento laboral y en el liderazgo en la empresa, fusionando la teoría de la IE con décadas de investigaciones sobre las competencias que hacen que los trabajadores estrella destaquen por encima de la media.[1]

Como propuse en *La inteligencia emocional en la empresa*, las capacidades de la IE (más que el coeficiente intelectual o las habilidades técnicas) se presentan como la competencia «determinante» que mejor predice qué individuo de un grupo de personas muy inteligentes será mejor líder. Si repasamos las competencias que han señalado independientemente empresas de todo el mundo para distinguir a sus líderes estrella, descubriremos que los indicadores del coeficiente intelectual y la habilidad técnica van bajando hacia el final de la lista cuanto más se sube en el escalafón. (El coeficiente intelectual y la pericia técnica son factores de predicción del rendimiento mucho más fiables en los puestos de categoría inferior.)

En los niveles superiores, los modelos de competencia para el liderazgo suelen estar compuestos entre el ochenta y el cien por cien por capacidades basadas en la inteligencia emocional. Como señalaba el responsable de investigación de una empresa internacional de búsqueda de ejecutivos, «se contrata a los directores generales por su intelecto y su pericia empresarial y se los despide por su falta de inteligencia emocional».

En *La inteligencia emocional en la empresa* propuse también un marco que refleja cómo se traducen los principios básicos de la IE (es decir, la autoconciencia, la autogestión, la conciencia social y la capacidad de gestión de las relaciones) en éxito laboral. Ese marco se ilustra con la figura que aparece al final de este capítulo.

La fascinación de la comunidad empresarial por la inteligencia emocional, en especial en el caso de los líderes, llamó la atención de los responsables de la revista *Harvard Business Review*, que me solicitaron que ahondara en el asunto. El artículo que escribí en 1998, «¿Qué hay que tener para ser líder?», ha logrado también una repercusión sorprendente. Enseguida se situó entre los más solicitados de esta publicación en toda su historia y se ha incluido en varias antologías sobre el liderazgo editadas por la propia *Harvard Business Review*, entre ellas una selección de sus diez artículos imprescindibles. Aparece en el tercer capítulo de este volumen.

David McClelland, mi mentor en Harvard, estudió los motivos que impulsan a los emprendedores de éxito, un grupo en el que puede incluirse él mismo, ya que fue uno de los fundadores de una compañía de investigación y consultoría, llamada McBer, que aplicó el método de definición de competencias al mundo empresarial y que posteriormente pasó a formar parte del Hay Group, compañía de consultoría internacional. La rama investigadora de McBer se transformó en el Instituto McClelland, dirigido por otros antiguos alumnos suyos: Jim Burrus, Mary Fontaine y Ruth Jacobs (actualmente Malloy). A medida que el interés por las competencias de la inteligencia emocional fue creciendo con fuerza, me transmitieron la información que iban reuniendo de miles de ejecutivos sobre el rendimiento empresarial y los estilos de liderazgo, de la que hablé en el artículo de *Harvard Business Review* «Liderazgo que consigue resultados», reproducido en el cuarto capítulo de esta obra.

En una economía impulsada por el llamado *trabajo del conocimiento*, el valor se crea con el esfuerzo de un equipo, lo que nos lleva a fijarnos en el coeficiente intelectual colectivo, concepto desarrollado por Robert Sternberg y Wendy Williams en Yale que representa la suma total de las mejores aptitudes de todos los miembros del equipo en su máxima capacidad. Sin embargo, lo que determina la productividad real del colectivo no es su potencial teórico (es decir, su coeficiente intelectual colectivo), sino la forma de coordinar sus esfuerzos. En otras palabras, la armonía interpersonal. Examiné por primera vez la dinámica del coeficiente intelectual colectivo en *La inteligencia emocional* y después regresé a la dinámica emocional de los equipos desde la perspectiva de los estilos de sus líderes. Todo eso se recoge en detalle en el quinto capítulo.

La inteligencia emocional informaba en gran medida sobre los descubrimientos en un campo por entonces novedoso como la neurociencia afectiva, pero el libro que publiqué en 2003, *Inteligencia social*, surgió a partir de la aparición de apasionantes descubrimientos en otro terreno nuevo, el de la neurociencia social, una rama de la investigación cerebral que empezó a analizar el comportamiento del cerebro cuando interactuamos y obtuvo un torrente de hallazgos sobre los circuitos sociales del cerebro. Esos resultados comportaban grandes implicaciones a la luz de otra serie de descubrimientos sobre la relación entre los centros del pensamiento y las emociones en el cerebro; se verá en el octavo capítulo.

Como señalé en *El cerebro y la inteligencia emocional: nuevos descubrimientos*, la desvinculación (epidémica en algunos entornos laborales) y la sobrecarga por exceso de estrés (también epidémica) incapacitan las zonas prefrontales del cerebro, donde se ubican la comprensión, la concentración, el aprendizaje y la creatividad. Por otro lado, como se explica en el séptimo capítulo, en la zona de flujo el cerebro funciona con la máxima eficiencia cognitiva y el individuo obtiene sus mejores resultados.

Con eso se redefine la labor esencial del líder: ayudar a la gente a alcanzar la zona cerebral donde puede dar lo mejor de sí, y a permanecer en ella. Como se verá en el sexto capítulo, detallé esa función en el libro *El líder resonante crea más*, escrito con mis colegas Annie McKee y Richard Boyatzis. Los líderes eficientes, defendíamos, crean un eco en las personas a las que lideran, una armonía nerviosa que facilita el estado de flujo.

Por último tenemos la cuestión de cómo puede el líder desarrollar más la inteligencia emocional. En ese aspecto la buena noticia de los científicos que investigan el cerebro es la neuroplasticidad: el descubrimiento de que el cerebro sigue creciendo y moldeándose durante toda la vida. Un proceso de aprendizaje sistemático, como se describe en el noveno capítulo, extraído de *El cerebro y la inteligencia emocional*, puede facilitar ese desarrollo del liderazgo en cualquier momento de una carrera... o de una vida.

Casi todos los elementos de los distintos modelos de la inteligencia emocional encajan en estos cuatro dominios genéricos: la autoconciencia, la autogestión, la conciencia social y la gestión de las relaciones. Las competencias laborales adquiridas que distinguen a los líderes de mayor éxito se basan en esas capacidades básicas.

El marco de competencias

- Autoconciencia emocional

Autoconciencia

Conciencia social

- Empatía
- Conciencia organizativa

- Autocontrol emocional
- Adaptabilidad
- Capacidad de triunfo
- Actitud positiva

Autogestión

Gestión de las relaciones

- Liderazgo inspirador
- Influencia
- Gestión de los conflictos
- Trabajo en equipo y colaboración

Si bien la inteligencia emocional determina el potencial de aprendizaje de los principios básicos del autodominio, por ejemplo, la competencia emocional nos muestra qué parte de ese potencial hemos dominado, de modo que se traduzca en capacidades laborales. Dominar una competencia emocional como la atención al cliente o el trabajo en equipo requiere un dominio subyacente de principios básicos de la IE como la conciencia social y la gestión de las relaciones. Sin embargo, las competencias emocionales se adquieren: no basta con tener conciencia social o facilidad de gestión de las relaciones para garantizar que una persona supere el aprendizaje adicional necesario para tratar adecuadamente a un cliente o para resolver un conflicto. Sencillamente cuenta con el potencial de dominar esas competencias.

Por consiguiente, una capacidad de IE subyacente es necesaria, aunque no suficiente, para manifestar una determinada competencia o habilidad laboral. Una analogía cognitiva sería el alumno con una excelente concepción espacial que no estudia nunca geometría y que, por consiguiente, no podrá ser arquitecto. Del mismo modo, un individuo puede ser muy empático y tener poca facilidad, por ejemplo, para gestionar las relaciones a largo plazo con los clientes.

Los lectores con especial dedicación e interés por comprender cómo encaja en mi modelo actual la docena aproximada de competencias emocionales decisivas para el liderazgo incluidas en los cuatro grupos básicos de la IE pueden consultar el apéndice.

Mandar con corazón

Adaptado de *La inteligencia emocional*

Melburn McBroom era un jefe autoritario con mucho genio que tenía atemorizados a quienes trabajaban con él, cosa que quizá no habría sido de excesiva importancia si hubiera ocupado un cargo en una oficina o una fábrica, pero el caso es que McBroom era piloto aéreo.

Un buen día de 1978 su avión se acercaba a Portland, en el estado de Oregón, cuando McBroom detectó un problema en el tren de aterrizaje y entró en el circuito de espera. Se puso a dar vueltas sobre la pista de aterrizaje a gran altura para manipular el mecanismo.

Mientras lo accionaba obsesivamente, el indicador del nivel de combustible del avión iba acercándose cada vez más al cero. Sin embargo, los copilotos tenían tanto miedo a la ira de McBroom que no abrieron la boca ni siquiera cuando el desastre se cernió sobre ellos. El avión se estrelló y murieron diez personas.

Actualmente la historia de aquel desastre se utiliza como advertencia en la formación sobre seguridad que reciben los pilotos de avión.[2] En el ochenta por ciento de los accidentes aéreos los pilotos cometen errores que podrían haberse evitado, sobre todo si la tripulación hubiera colaborado con mayor armonía. El trabajo de equipo, los circuitos de comunicación abiertos, la cooperación, la atención a los demás y la sinceridad (nociones básicas de la inteligencia social) se subrayan hoy en día en la formación de los pilotos, junto con la instrucción técnica.

La cabina es un microcosmos que representa cualquier organización laboral, pero, cuando no nos topamos con la dramática bofetada de un accidente aéreo, los efectos destructivos de un estado de ánimo por los suelos, de unos trabajadores amedrentados o de unos jefes arrogantes (o cualquiera de las muchísimas encarnaciones de las deficiencias emocionales en el entorno laboral) pueden ser casi invisibles a ojos de quienes no están directamente implicados. Sin embargo, pasan factura; por ejemplo, con un descenso de la productividad, con un incremento de los retrasos en las entregas, de los errores y de los contratiempos, o con un éxodo de empleados, que prefieren irse a lugares más agradables. Un bajo nivel de inteligencia emocional en el trabajo tiene un coste inevitable en los resultados económicos. Cuando es muy exagerado, las empresas pueden ir a la quiebra y desaparecer.

La rentabilidad de la inteligencia emocional es una idea relativamente nueva en la empresa y puede que a algunos directivos les cueste aceptarla. En un estudio realizado entre doscientos cincuenta ejecutivos se comprobó que en su mayoría tenían la impresión de que el trabajo exigía la implicación de la cabeza, no del corazón. Muchos afirmaban que les daba miedo que sentir empatía o compasión por sus compañeros de trabajo les supusiera un conflicto con sus objetivos laborales. Uno en concreto aseguró que la idea de prestar atención a los sentimientos de sus subordinados era absurda, ya que en su opinión provocaría que fuera «imposible manejar a la gente». Otros argumentaron que si no marcaran las distancias desde un punto de vista emocional no podrían tomar las decisiones «difíciles» que requiere una empresa, aunque lo más probable es que, en realidad, comunicaran esas decisiones de forma más afable.[3]

Ese estudio se realizó en los años setenta, cuando el mundo empresarial era muy distinto. Yo defiendo que esas actitudes han quedado anticuadas, son un lujo perteneciente al pasado; una nueva realidad competitiva está situando la inteligencia emocional en un lugar muy destacado del entorno laboral y del mercado.

Shoshona Zuboff, psicólogo de la Facultad de Empresariales de Harvard, me dijo lo siguiente: «En este siglo las empresas han sufrido una revolución radical que ha comportado también una transformación del panorama emocional. Hubo un largo período de dominio directivo de la jerarquía corporativa en el que se recompensaba al jefe manipulador que actuaba como si estuviera luchando en la selva, pero esa rígida jerarquía empezó a resquebrajarse en los años ochenta debido a la presión de la globalización por un lado y de la informática por el otro. El luchador de la selva simboliza el pasado de la empresa; el especialista en relaciones interpersonales es su futuro.»

Algunos de los motivos son muy evidentes. Pensemos en las consecuencias que tiene en un equipo laboral el que una persona sea incapaz de contener ataques de ira o carezca de sensibilidad ante las emociones que provoca en quienes la rodean. Todos los efectos perjudiciales del atropellamiento mental se reflejan también en el entorno laboral: cuando estamos alterados nos cuesta más recordar, prestar atención, aprender o tomar decisiones con claridad. Como señaló un consultor de dirección empresarial, «el estrés atonta a la gente».

Desde una perspectiva positiva, pensemos en las ventajas laborales de un buen dominio de las competencias emocionales básicas; es decir, estar en sintonía con los sentimientos de las personas con las que tratamos, ser capaz de manejar las diferencias de opinión para que no vayan a más y tener la capacidad de entrar en estados de flujo en la actividad laboral. El liderazgo no es sinónimo de dominación, sino el arte de convencer a la gente de que colabore para alcanzar un objetivo común. Además, centrándonos en la gestión de nuestra trayectoria personal, puede que no haya nada más fundamental que reconocer una profunda conexión emocional con nuestro cometido y saber qué cambios podrían provocarnos una mayor satisfacción laboral.

EL ARTE DE LA CRÍTICA

Un ingeniero con amplia experiencia que dirigía un proyecto de creación de software debía presentar el resultado de varios meses de trabajo de su equipo al vicepresidente de la empresa a cargo del desarrollo de productos. Los hombres y mujeres que se habían esforzado durante largas jornadas semana tras semana lo acompañaban, orgullosos de exponer el fruto de su ardua labor.

Sin embargo, cuando el ingeniero terminó la presentación el vicepresidente se volvió hacia él y le espetó con sarcasmo: «¿Cuánto hace que has terminado la carrera? Estos datos técnicos son ridículos. No existe ninguna posibilidad de que dé el visto bueno a este proyecto.»

El ingeniero, completamente hundido y avergonzado, permaneció en silencio durante el resto de la reunión, entristecido. Los miembros de su equipo hicieron unas cuantas observaciones poco entusiastas (en algún caso hostiles) en defensa de su labor. Entonces llamaron al vicepresidente, que tuvo que ausentarse, y la sesión terminó bruscamente, con un poso de amargura e ira entre los presentes.

El ingeniero pasó las dos semanas siguientes obsesionado por los comentarios del vicepresidente. Desanimado y deprimido, estaba convencido de que jamás volvería a recibir ningún otro encargo de importancia en aquella empresa y se planteaba despedirse, aunque le gustaba trabajar allí. Finalmente fue a ver al vicepresidente y le mencionó la reunión, sus críticas y el efecto desmoralizador que habían tenido. A continuación le hizo una pregunta que formuló con mucho cuidado: «No acabo de comprender lo que esperaba conseguir. Supongo que no pretendía únicamente humillarme. ¿Tenía algún otro objetivo?»

El vicepresidente se quedó de piedra. No tenía ni idea de que aquellas palabras, que había dicho sin pensar, hubieran sido tan demoledoras. En realidad, le parecía que el proyecto prometía, aunque había que modificar algunas cosas; no había tenido en absoluto la intención de descartarlo como algo completamente inservible. Aseguró que, sencillamente, no se había dado cuenta de lo mal que había expresado su opinión ni de que había herido los sentimientos de los asistentes. Aunque tarde, se disculpó.[4]

Se trata, en el fondo, de saber expresar las reacciones, de saber ofrecer la información esencial para que los demás sigan trabajando por el buen camino. En la teoría de sistemas, el término *reacción* se refería originalmente al intercambio de información sobre el funcionamiento de una parte de un sistema, teniendo en cuenta que esa parte afecta a todas las demás, de modo que si una de ellas empieza a fallar el desvío pueda corregirse. En una empresa todo el mundo forma parte del sistema, de modo que las reacciones de los demás son el alma del conjunto: el intercambio de información permite a los individuos saber si el trabajo que hacen va bien o necesita ajustes, mejoras o un cambio total de dirección. Si nadie le comunica sus reacciones, el individuo no sabe qué sucede, no tiene ni idea de lo que opina de él su jefe, ni sus compañeros, ni puede estar seguro de lo que se espera de él, y los problemas que surjan irán empeorando con el tiempo.

En cierto sentido, la crítica es una de las tareas más importantes de un directivo, pero en la realidad también es una de las más temidas y más aplazadas. Además, como en el caso del vicepresidente sarcástico, son muchos los jefes que no demuestran mucha destreza en el arte decisivo de la comunicación de las reacciones. Esa laguna tiene graves consecuencias: del mismo modo que la salud emocional de una pareja depende de lo bien que sepan expresar las quejas que vayan surgiendo, la eficiencia, el bienestar y la productividad de los trabajadores dependen de cómo se los informe de los problemas que aparezcan. De hecho, la expresión y la recepción de las críticas determina en gran medida la satisfacción del individuo con su trabajo, con sus compañeros y con sus superiores.

LA PEOR FORMA DE MOTIVAR A ALGUIEN

Las vicisitudes emocionales que entran en juego en un matrimonio aparecen también en el mundo laboral, donde adoptan formas parecidas. Las críticas se expresan como ataques personales y no como quejas que puedan dar lugar a un cambio; se trata de acusaciones dirigidas a alguien en concreto con buenas dosis de indignación, sarcasmo y desdén, y en ambos casos dan lugar a reacciones defensivas, a una declinación de la responsabilidad y, en última instancia, a las evasivas o a la resistencia pasiva cargada de rencor que provoca el sentirse tratado injustamente. En concreto, un consultor empresarial señala que uno de los tipos más habituales de crítica destructiva en el trabajo es un comentario generalizado e indiscriminado del tipo «Lo estás haciendo fatal», soltado con un tono agresivo, sarcástico e irritado que no deja abierta la puerta ni a una respuesta ni a una propuesta para mejorar las cosas. El otro se siente impotente y se pone de mal humor.

Desde la perspectiva estratégica de la inteligencia emocional, esas críticas evidencian el desconocimiento de los sentimientos que van a desencadenar en quien las reciba, así como del efecto demoledor que van a tener esos sentimientos en la motivación, la energía y la seguridad en sí mismo del individuo al hacer su trabajo.

Esa dinámica destructiva se hizo evidente en un estudio en que se solicitó a determinados directivos que recordasen ocasiones en las que habían amonestado a algún trabajador y, en un momento de exaltación, habían acabado atacándolo personalmente.[5] Los ataques enfurecidos tenían efectos muy parecidos a los que habrían provocado en un matrimonio: los empleados que los recibían reaccionaban la mayor parte de las veces poniéndose a la defensiva, dando excusas o eludiendo la responsabilidad. O incluso esquivaban al directivo que los había amonestado y trataban de no tener el más mínimo contacto con él. Ante eso, los jefes se enfadaban aún más, lo que daba lugar a un ciclo que en el mundo empresarial concluye cuando el empleado se va o lo despiden, lo que vendría a ser el equivalente de un divorcio.

Así, en un estudio realizado entre ciento ocho directivos y administrativos las críticas mal planteadas aparecieron en la lista de motivos de conflicto en el trabajo por delante de la desconfianza, los choques de personalidades y las luchas por el poder.[6] Un experimento llevado a cabo en el Instituto Politécnico Rensselaer muestra lo devastadoras que pueden ser las críticas hirientes en las relaciones laborales. En una simulación se encargó a una serie de voluntarios que concibieran un anuncio para un nuevo champú. Otro voluntario (confabulado con los organizadores) debía juzgar, supuestamente, los trabajos presentados, pero en realidad los participantes recibieron una crítica preparada anteriormente. Había dos modelos. El primero era una valoración considerada y concreta, pero el otro incluía amenazas y echaba la culpa del resultado a las deficiencias innatas del individuo, como frases como «Ni se moleste; parece incapaz de hacer nada bien» o «Puede que se trate simplemente de incompetencia; se lo encargaré a otro». Lógicamente, los que recibieron los ataques se pusieron tensos, se molestaron y se mostraron hostiles; aseguraron que se negarían a colaborar o cooperar en futuros proyectos con la persona que había hecho aquella crítica. Muchos afirmaron que les gustaría evitar cualquier contacto con ella; en otras palabras, preferirían evitarla. Aquella crítica destructiva desmoralizó tanto a sus receptores que pasaron a esforzarse menos en el trabajo y, lo que tal vez fuera más perjudicial, señalaron que ya no se sentían capaces de hacerlo bien. El ataque personal tuvo un efecto demoledor sobre su estado de ánimo.

Muchos jefes critican con gran facilidad pero escatiman los elogios, con lo que sus subordinados se quedan con la impresión de que solo les dicen algo sobre su trabajo cuando lo hacen mal. Esa tendencia a la crítica se agrava cuando los directivos retrasan durante largos períodos cualquier tipo de comentario. «La mayoría de las veces, los problemas de rendimiento de un trabajador no son repentinos, sino que van apareciendo progresivamente —afirma J. R. Larson, psicólogo de la Universidad de Illinois en Urbana—. Cuando el jefe no dice lo que piensa con rapidez, su frustración va aumentando poco a poco, hasta que un día estalla. Si hubiera expresado la crítica antes, el trabajador podría haber corregido el problema. Con demasiada frecuencia el individuo lanza críticas solo cuando las cosas se salen de madre, cuando está tan enfadado que no puede contenerse. Y en ese momento las vierte de la peor forma posible, con un tono de sarcasmo cáustico, sacando a la luz una larga lista de agravios que había ido guardándose, o profiriendo amenazas. Esos ataques son contraproducentes. Se perciben como una afrenta, de modo que el receptor también se enfada. Es la peor forma de motivar a alguien.»

LA CRÍTICA CON MANO IZQUIERDA

Pensemos en la alternativa. Una crítica planteada con mano izquierda es uno de los mensajes más útiles que puede transmitir un jefe. Por ejemplo, lo que el vicepresidente desdeñoso podría haberle dicho al ingeniero de software (pero no le dijo) sería algo así: «La principal dificultad en este momento es que su plan requerirá mucho tiempo, lo que encarecería los costes. Me gustaría que diera más vueltas a la propuesta, en especial en los datos técnicos de diseño de cara al desarrollo del software, para ver si encuentra una forma de hacer el mismo trabajo más deprisa.» Un mensaje así tiene un efecto contrario al de la crítica destructiva: en lugar de generar impotencia, ira y rechazo, ofrece la esperanza de una mejora y sugiere la forma más indicada de empezar a cambiar las cosas.

Una crítica planteada con mano izquierda se centra en lo que ha hecho el individuo y en lo que puede hacer, en lugar de atribuir una mala actuación a un rasgo de su personalidad. Larson apunta: «Los ataques al carácter de alguien (llamarlo estúpido o incompetente) no sirven para nada. El otro se pone de inmediato a la defensiva y deja de ser receptivo a las recomendaciones que tenemos que hacerle para que mejore.» Por descontado, ese consejo es precisamente el mismo que deben recibir los matrimonios que se ponen a ventilar sus problemas.

Además, si pensamos en la motivación vemos que,

cuando alguien cree que sus errores se deben a una carencia de su carácter que no puede corregir, pierde la esperanza y deja de esforzarse. Recordemos que la creencia básica que conduce al optimismo es que los contratiempos o los fracasos se deben a circunstancias que podemos cambiar.

Harry Levinson, psicoanalista que se dedica a la consultoría empresarial, da los siguientes consejos sobre el arte de la crítica, que está íntimamente ligado al del elogio:

- Hay que concretar. Elija un incidente representativo, algún hecho que ilustre un problema clave que haya que solucionar o alguna pauta problemática, como una serie de errores en un aspecto determinado de un trabajo. La persona se desmoraliza si le dicen que está haciendo «algo» mal, sin que le den detalles que permitan mejorar. Hay que centrarse en aspectos concretos y mencionar lo que se ha hecho bien, lo que se ha hecho mal y cómo podría cambiarse. No se ande por las ramas y evite las ambigüedades o las evasivas, que enturbiarían el mensaje que quiere transmitir. Es lo que se conoce como *una exposición XYZ*: diga exactamente cuál es el problema, qué ha salido mal o cómo se siente ante la situación, y qué podría modificarse. «La concreción —señala Levinson— es igual de importante para el elogio que para la crítica. No pretendo decir que una alabanza imprecisa no tenga ningún efecto, pero en todo caso no será mucho y no permitirá aprender nada nuevo.»[7]
- Hay que ofrecer una solución. La crítica, como todo comentario útil, debe apuntar a una forma de resol-

ver el problema. En caso contrario deja al receptor frustrado, desmoralizado o desmotivado. La crítica puede abrir la puerta a posibilidades y alternativas que el individuo no había visto, o sencillamente sensibilizarlo sobre deficiencias que requieren atención, pero en todo caso debe incluir sugerencias sobre la forma de abordar los problemas.

- Hay que estar presente. Las críticas, lo mismo que los elogios, son más eficaces cuando se transmiten cara a cara y en privado. Es probable que quienes se sienten incómodos cuando deben criticar (o alabar) a alguien prefieran hacerlo a distancia para quitarse un problema de encima, por ejemplo mediante una carta. Sin embargo, ese tipo de comunicación es demasiado impersonal y el receptor se queda sin la oportunidad de responder o solicitar una aclaración.

- Hay que ser sensible. Hay que trabajar la empatía, tener en cuenta el efecto que lo que se dice y cómo se dice provocan en el receptor. Según Levinson, los jefes con escasa empatía son los más propensos a hacer comentarios hirientes; por ejemplo, con frases despectivas y fulminantes. El efecto de ese tipo de críticas es destructivo: en lugar de abrir un camino para mejorar las cosas, provocan una reacción emocional en contra que se concreta en resentimiento, amargura, actitud defensiva y distanciamiento. Levinson ofrece, asimismo, recomendaciones emocionales para quienes son objeto de críticas. Una de ellas es entenderlas como información valiosa sobre cómo mejorar, y no como ataques personales. Otra es estar atento a la tendencia a ponerse a la defensiva en lugar de aceptar la responsabilidad. En cualquier caso, si la situación resulta muy incómoda solicite posponer la reunión, para tener tiempo de asimilar un mensaje difícil y calmarse un poco. Por último, aconseja ver la crítica como una oportunidad de colaborar con quien la emite para resolver el problema, no como un enfrentamiento personal.

¿Qué hay que tener para ser líder?

Adaptado de la revista *Harvard Business Review*

Cualquiera que trabaje en el mundo empresarial conoce una historia sobre algún ejecutivo muy inteligente y muy preparado que, tras recibir un ascenso, fracasó en un nuevo cargo que exigía liderazgo. Y también ha oído una historia sobre alguien con una capacidad intelectual y una formación técnica buenas (aunque no extraordinarias) que, tras ser ascendido a un puesto parecido, acabó triunfando. Esas anécdotas respaldan la opinión generalizada de que dar con los individuos que tengan lo que hay que tener para ser líderes es más un arte que una ciencia. Al fin y al cabo, los estilos personales de los líderes extraordinarios pueden variar mucho: los hay contenidos y analíticos, y los hay que gritan sus edictos a voz en grito. Y, lo que es igual de importante, las distintas situaciones también requieren distintos tipos de liderazgo. En las fusiones suele hacer falta un negociador sensible que lleve el timón, mientras que para un dar un golpe de timón lo habitual es que se requiera una autoridad más contundente. No obstante,

— 31 —

la experiencia me ha enseñado que los líderes más eficientes coinciden en un aspecto fundamental: todos poseen un gran nivel de lo que ha dado en llamarse *inteligencia emocional*.

No se trata de que el coeficiente intelectual y la formación técnica sean irrelevantes. Tienen su importancia, pero sobre todo como «capacidades umbral»; es decir, como requisitos iniciales para acceder a un puesto ejecutivo. En cambio, mis investigaciones, junto con otros estudios recientes, indican claramente que la inteligencia emocional es la condición indispensable para ejercer el liderazgo. Sin ella, un individuo puede tener la mejor formación del mundo, una mente aguda y analítica y una enorme abundancia de ideas inteligentes, pero le faltará madera de gran líder. Mis colegas y yo nos hemos centrado en el funcionamiento de la inteligencia emocional en el trabajo. Hemos analizado su relación con el rendimiento positivo, sobre todo en los líderes, y hemos observado cómo se manifiesta en el entorno laboral. ¿Cómo podemos saber si alguien tiene mucha inteligencia emocional, por ejemplo, y cómo podemos reconocerla en nosotros mismos? En las páginas siguientes vamos a indagar en esas cuestiones, repasando uno por uno los componentes de la inteligencia emocional: la autoconciencia, la autorregulación, la empatía y la capacidad social.

Hoy en día casi todas las grandes empresas contratan a psicólogos para desarrollar modelos de competencia que contribuyan a identificar, formar y promover a quien tenga posibilidades de ser una estrella en el firmamento del liderazgo. Los psicólogos también han preparado modelos de ese tipo para puestos de nivel inferior. Para escribir *La inteligencia emocional en la empresa* analicé los modelos de competencia de ciento ochenta y ocho empresas, en su mayoría grandes e internacionales, y de organismos públicos. El objetivo de esa labor era determinar qué capacidades personales impulsaban un rendimiento excepcional en esas organizaciones y en qué grado. Agrupé las capacidades en tres categorías: las habilidades puramente técnicas, como la contabilidad y la confección de planes comerciales; las capacidades cognitivas, como el razonamiento analítico, y las competencias que eran reflejo de la inteligencia emocional, como la capacidad de trabajar en equipo y la eficiencia al dirigir un proceso de cambio. Para crear algunos de los modelos de competencia, los psicólogos habían pedido a los cargos principales de las empresas que señalaran las competencias que caracterizaban a los líderes más destacados de su organización. En otros casos, los psicólogos habían recurrido a criterios objetivos, como la rentabilidad de una división, para diferenciar a los trabajadores estrella de los niveles superiores de los mediocres. A continuación esos individuos pasaron por toda una serie de entrevistas y pruebas, y se compararon sus competencias. Ese proceso dio lugar a la confección de listas de ingredientes necesarios para ser un líder sumamente eficiente. Las listas tenían entre siete y quince puntos; por ejemplo, la iniciativa o la visión estratégica. Algunos de esos ingredientes se referían a capacidades puramente cognitivas, relacionadas con el coeficiente intelectual, o puramente técnicas; otros se basaban en gran medida en capacidades de la inteligencia emocional como la autogestión.

Al analizar aquellos datos obtuve resultados impresionantes. Desde luego, el intelecto era uno de los impulsores del rendimiento excepcional, y capacidades cognitivas como el análisis del contexto y el pensamiento a largo plazo eran especialmente importantes. Sin embargo, cuando calculé la proporción de habilidades técnicas y relacionadas con el coeficiente intelectual frente a las de la inteligencia emocional como ingredientes de un rendimiento sobresaliente, el segundo bloque resultó el doble de importante que el primero en todos los niveles laborales. Es más, mi análisis demostró que la inteligencia emocional desempeñaba un papel cada vez más importante en las categorías empresariales más elevadas, donde las diferencias en la preparación técnica tenían una importancia insignificante.

En otras palabras, cuanto más alta era la categoría laboral de una persona considerada trabajador estrella, más capacidades de la inteligencia emocional aparecían como motivos de su eficiencia. Al analizar a los trabajadores estrella en puestos de liderazgo se hacía evidente que casi el noventa por ciento de las competencias que los distinguían de la media eran atribuibles a factores de inteligencia emocional, más que a capacidades puramente cognitivas. Otros investigadores han confirmado que la inteligencia emocional no solo distingue a los líderes sobresalientes, sino que también puede vincularse a un buen rendimiento.

Son buen ejemplo de ellos los resultados obtenidos por el desaparecido David McClelland, eminente investigador de la conducta humana y empresarial. En un estudio de 1996 sobre una multinacional de alimentación y bebidas, McClelland descubrió que cuando los altos directivos tenían excelentes competencias en inteligencia emocional sus divisiones superaban los objetivos de rendimiento anuales en un veinte por ciento. En cambio, los jefes de división sin esas capacidades obtenían unos resultados por debajo de la media, más o menos en el mismo porcentaje. Es interesante mencionar que las conclusiones de McClelland se corroboraron en las divisiones de la empresa en Estados Unidos y también en las de Asia y Europa. En resumen: las cifras nos muestran una realidad convincente sobre la vinculación entre el éxito de una empresa y la inteligencia emocional de sus líderes. Y, lo que es igual de importante, las investigaciones también demuestran que, si la gente da los pasos adecuados, puede desarrollar su inteligencia emocional.

LA AUTOCONCIENCIA

La autoconciencia es el primer componente de la inteligencia emocional, algo lógico si tenemos en cuenta que hace miles de años el Oráculo de Delfos ya aconsejaba: «Conócete a ti mismo.» La autoconciencia implica comprender en profundidad las emociones, los puntos fuertes, las debilidades, las necesidades y los impulsos de uno mismo. La gente con una gran autoconciencia no es ni demasiado crítica ni excesivamente optimista, sino sincera consigo misma y con los demás. El individuo que posee un alto grado de autoconciencia reconoce cómo afectan sus sentimientos a él mismo, a los demás y a su rendimiento laboral. Así, una persona autoconsciente que sabe que cuando tiene que correr para entregar un trabajo suelen salirle las cosas mal se organiza cuidadosamente y termina con mucha antelación lo que tiene que hacer. Otra persona con una gran autoconciencia será capaz de trabajar con un cliente exigente: comprenderá cómo afecta a su humor el trato con ese individuo y cuáles son en el fondo los motivos por lo que se siente frustrado. «Nos hace perder el tiempo con tonterías que nos impiden dedicarnos al trabajo de verdad que tenemos que hacer», se dirá, por ejemplo, con lo que podrá ir más allá y transformar la rabia en algo constructivo.

La autoconciencia abarca la concepción que tiene la persona de sus valores y sus objetivos. Una persona muy autoconsciente sabe adónde se dirige y por qué; así, por ejemplo, se mostrará firme al rechazar una oferta laboral que resulte tentadora desde un punto de vista económico pero no encaje con sus principios u objetivos a largo plazo. Una persona que carezca de autoconciencia podrá tomar decisiones que provoquen un conflicto interior por entrar en contradicción con valores soterrados. «Me ofrecían bastante dinero, así que acepté —podría decir alguien dos años después de haber empezado en un nuevo puesto—, pero el trabajo en sí me dice tan poco que me aburro constantemente.» Las decisiones de la gente autoconsciente concuerdan con sus valores; en consecuencia, a menudo el trabajo les resulta estimulante.

¿Cómo podemos reconocer la autoconciencia? Lo primero y más importante es que se manifiesta como franqueza y como capacidad de autoevaluación realista. La gente con mucha autoconciencia sabe hablar con certeza y naturalidad (aunque no necesariamente con efusión o intimidad) de sus emociones y de cómo repercuten en su trabajo. Por ejemplo, una directiva que conozco se mostraba escéptica ante un nuevo servicio de asistentes personales de compras que iba a introducir su empresa, una importante cadena de grandes almacenes. Sin que su equipo o su jefe se lo pidieran, les dio una explicación: «Me cuesta respaldar el lanzamiento de este servicio —confesó— porque me apetecía mucho dirigirlo y no me eligieron. Dadme tiempo para que me lo trabaje.» En efecto, examinó a conciencia sus emociones y una semana después ya estaba apoyando el proyecto al cien por cien. Cuando una persona se conoce así de bien, por lo general se nota en el proceso de selección. Basta con pedir a un candidato que recuerde un momento en el que se dejó llevar por los sentimientos e hizo algo de lo que después se arrepintió. Los candidatos autoconscientes reconocen con sinceridad el error cometido y con frecuencia lo cuentan con una sonrisa. Una de las características principales de la autoconciencia es un sentido del humor autocrítico.

La autoconciencia también puede identificarse durante las evaluaciones de rendimiento. La gente autoconsciente está al tanto de sus limitaciones y sus puntos fuertes, se siente cómoda hablando de ellos y con frecuencia demuestra afán de recibir críticas constructivas. Por el contrario, los que tienen poca autoconciencia interpretan el mensaje de que deben mejorar como una amenaza o un síntoma de fracaso. Los individuos autoconscientes también pueden reconocerse por su confianza en sí mismos. Conocen bien sus capacidades y es menos probable que se pongan en una tesitura en la que puedan fracasar, por ejemplo exigiéndose demasiado al cumplir con un encargo. Además, saben cuándo deben pedir ayuda. Y los riesgos que corren en el trabajo están calculados. No buscan un reto que no pueden superar por sí solos. Sacan partido de sus puntos fuertes.

Pensemos en la actuación de una empleada de nivel medio a la que invitaron a participar en una reunión estratégica con los principales directivos de su empresa. Aunque era la que ocupaba un puesto inferior de todos los presentes, no se limitó a quedarse callada y escuchar a los demás atemorizada. Sabía que se le daba bien la lógica y que podía presentar ideas de forma convincente, así que hizo propuestas decisivas con respecto a la estrategia de la compañía. Al mismo tiempo, la autoconciencia le impidió adentrarse en otros territorios en los que sabía que no destacaba. A pesar del valor que tiene contar con gente autoconsciente en el entorno laboral, mis investigaciones indican que, cuando buscan líderes potenciales, a menudo los altos ejecutivos no confieren a la autoconciencia la importancia que se merece. En muchos casos confunden la franqueza en la expresión de los sentimientos con debilidad y no respetan como se merecen a los trabajadores que reconocen sus limitaciones sin cortapisas. Con frecuencia consideran que esas personas «no tienen lo que hay que tener» para dirigir a otros.

En realidad, lo cierto es lo contrario. En primer lugar, la gente suele admirar y respetar la franqueza. Es más, a los líderes se les pide constantemente que hagan juicios que requieren una evaluación franca de las capacidades de sí mismos y de los demás. ¿Tenemos la experiencia de gestión necesaria para hacernos con un competidor? ¿Podemos presentar un nuevo producto dentro de seis meses? Quienes se valoran con sinceridad (es decir, quienes son autoconscientes) están bien facultados para hacer lo mismo con las empresas que dirigen.

Los impulsos biológicos determinan nuestras emociones. No podemos prescindir de ellos, pero podemos hacer mucho para gestionarlos. La autorregulación, una especie de conversación interior continuada, es el componente de la inteligencia emocional que nos libera de la prisión en la que pueden encerrarnos nuestros propios sentimientos. La gente que entabla ese tipo de conversación tiene momentos de mal humor e impulsos emocionales como todo el mundo, pero encuentra formas de controlarlos e incluso de canalizarlos de forma útil. Imaginémonos a un ejecutivo que acaba de ver a un equipo de trabajadores a sus órdenes presentar un análisis chapucero al consejo de administración de la empresa. En el ambiente de pesimismo que impera a continuación puede que tenga tentaciones de dar un golpe en la mesa, presa de la ira, o de pegar una patada a una silla. Podría levantarse de repente y ponerse a chillar al grupo. O mantener un silencio adusto y mirar fijamente a todo el mundo antes de marcharse dando un portazo. Sin embargo, si tiene facilidad para la autorregulación elegirá otra salida. Podría decir unas palabras, pensadas detenidamente, para reconocer el fracaso del equipo sin precipitarse con conclusiones apresuradas. A continuación podría retirarse para pensar en los motivos que han llevado a ese traspié. ¿Son personales, ha faltado esfuerzo? ¿Existen factores atenuantes? ¿Qué papel ha desempeñado él en el desastre? Tras tener en cuenta todo eso, podría volver a convocar a sus subordinados, presentar las consecuencias del incidente y poner en común sus impresiones personales. A continuación podría plantear un análisis del problema y una solución ponderada.

¿Por qué es tan importante la autorregulación para los líderes? En primer lugar, quienes controlan sus sentimientos y sus impulsos (es decir, las personas razonables) pueden crear un entorno de confianza e imparcialidad en el que la política y las peleas internas se reducen drásticamente y la productividad es elevada. La gente con talento acude en masa a ese tipo de empresas y no siente tentaciones de marcharse. Además, la autorregulación tiene un efecto goteo. Nadie quiere parecer un exaltado cuando la jefa es famosa por la tranquilidad con la que aborda los problemas. Si hay menos mal humor en las altas esferas, también lo habrá en el resto del escalafón. En segundo lugar, la autorregulación es importante por motivos de competitividad. Todo el mundo sabe que actualmente en el mundo empresarial imperan la ambigüedad y el cambio. Las compañías se fusionan y se dividen a menudo. La tecnología transforma el trabajo a una velocidad mareante. La persona que domina sus emociones puede avanzar con los cambios. Cuando se anuncia un nuevo programa, no se asusta, sino que logra no emitir juicios precipitados, busca información y escucha a los ejecutivos encargados de explicarlo. A medida que la iniciativa progresa, ese individuo está preparado para avanzar con ella. En ocasiones, incluso marca la pauta.

Vamos a analizar el caso de una directiva de una gran empresa del sector industrial. Al igual que sus compañeros, llevaba cinco años utilizando cierto programa informático que había determinado su forma de recabar información y de presentarla y su concepción de la estrategia de la compañía. Un buen día, sus jefes anunciaron que iba a instalarse un nuevo programa que cambiaría drásticamente la recolección y la evaluación de la información dentro de la empresa. Mientras muchos de los trabajadores se quejaban con amargura de los problemas que provocaría el cambio, ella reflexionó sobre los motivos del nuevo programa y acabó convencida de que podía mejorar el rendimiento. Esperó con ilusión las sesiones de formación (a las que algunos de sus compañeros se negaron a asistir) y acabó recibiendo un ascenso para llevar varias divisiones, en parte por lo bien que aprovechaba la nueva tecnología.

Quiero subrayar aún más la importancia de la autorregulación en el liderazgo defendiendo que fomenta la integridad, que no solo es una virtud personal, sino también un punto fuerte en el campo organizativo. Muchos de los errores que se cometen en las empresas son consecuencia de una conducta impulsiva. Pocas veces se decide con antelación exagerar los beneficios, inflar la cuenta de gastos de representación, meter mano a la caja o cometer un abuso de poder por motivos egoístas. Sin embargo, cuando se presenta la oportunidad la gente con poco control de los impulsos dice que sí sin más. En contraste con esa conducta, pensemos en la de un alto ejecutivo de una gran empresa alimentaria que hacía gala de una honradez escrupulosa en sus negociaciones con los distribuidores locales y tenía la costumbre de explicar al detalle la composición del coste para que estos pudieran entender bien la política de precios de la compañía. Debido a ese modo de actuar, el ejecutivo no siempre sacaba el máximo partido a las negociaciones. Por eso, alguna que otra vez sentía impulsos de incrementar los beneficios ocultando información sobre los costes, pero los dominaba: se daba cuenta de que eso tenía más sentido a largo plazo. Su autorregulación emocional le dio buenos frutos, ya que consiguió relaciones fuertes y duraderas con los distribuidores que favorecieron más a la empresa que un posible beneficio económico a corto plazo.

Los indicadores de la autorregulación emocional son, por consiguiente, fáciles de ver: tendencia a reflexionar y a meditar, comodidad ante la ambigüedad y el cambio, y también integridad, es decir, capacidad de reprimir deseos impulsivos. Al igual que la autoconciencia, con frecuencia la autorregulación no tiene el reconocimiento que se merece. En ocasiones se considera que la gente capaz de dominar sus emociones es fría, que sus respuestas meditadas denotan falta de pasión. En cambio, se ve a las personas de temperamento fogoso como líderes «clásicos» y sus arrebatos parecen expresiones de carisma y poder. No obstante, cuando esa gente llega a mandar, la impulsividad suele actuar en su contra. En mis investigaciones la demostración exagerada de emociones negativas nunca ha aparecido como impulsora del buen liderazgo.

Si existe un rasgo que poseen prácticamente todos los líderes válidos es la motivación, una variante de la autogestión que consiste en movilizar las emociones positivas para hacernos avanzar hacia nuestros objetivos. Los líderes motivados sienten el impulso de obtener resultados más allá de las expectativas: las suyas propias y las de todos los demás. El concepto clave es el de obtener resultados. Mucha gente se siente motivada por factores externos, como un sueldo elevado o la posición social que comporta ostentar un cargo imponente o formar parte de una empresa de prestigio. En cambio, quienes tienen potencial de liderazgo extraen su motivación de un deseo muy arraigado de lograr resultados simplemente por la satisfacción de haberlos logrado. Si buscamos líderes, ¿cómo podemos identificar a la gente motivada por el impulso de obtener resultados, y no por las recompensas externas? El primer indicio es la pasión por el trabajo en sí: ese tipo de gente busca retos creativos, siente pasión por aprender y se enorgullece mucho del trabajo bien hecho. También muestra una energía inagotable para hacer las cosas mejor. Con frecuencia quienes la poseen parecen impacientarse con el statu quo y se muestran insistentes al preguntar por qué se hacen las cosas de una forma y no de otra; están ansiosos por explorar nuevas formas de trabajar.

Un directivo de una empresa de cosméticos, por ejemplo, se sentía frustrado por tener que esperar quince días para recibir los resultados de ventas de los comerciales. Al final encontró un sistema telefónico computarizado que enviaba un aviso a los buscapersonas de los comerciales todos los días a las cinco de la tarde. Un mensaje automatizado les pedía que introdujeran la cifra de llamadas y visitas que habían hecho aquel día. Con ese sistema se acortó el tiempo necesario para conocer los resultados de ventas, que pasó de semanas a horas. Esa historia ilustra los otros dos rasgos comunes a la gente con motivación para obtener resultados: suben constantemente el listón del rendimiento y les gusta estar al tanto de las cuentas.

Vamos a ver primero cómo funciona ese listón. Durante las evaluaciones de rendimiento, los individuos con niveles elevados de motivación pueden pedir a sus superiores que les exijan más. Por descontado, el trabajador que aúna autoconciencia y motivación interna reconoce sus límites, pero no se conformará con objetivos que le resulten demasiado fáciles. Por otro lado, en ese contexto es lógico que la gente que siente el impulso de mejorar también desee conocer el progreso realizado: el suyo propio, el de su equipo y el de su empresa. Mientras que las personas con poca motivación no suelen tener una idea clara de los resultados, los que presentan una gran motivación para obtenerlos suelen estar al tanto de las cuentas controlando factores como la rentabilidad o la cuota de mercado. Es interesante señalar que la gente de ese segundo grupo mantiene el optimismo incluso cuando los resultados no les favorecen. En esos casos, la autorregulación se combina con motivación para obtener resultados con el fin de superar la frustración y la depresión que aparecen tras un revés o un fracaso.

LA EMPATÍA

De todas las dimensiones de la inteligencia emocional, la empatía es la que se reconoce con mayor facilidad. Todos la hemos notado en un profesor o en un amigo sensibles; todos nos hemos tropezado con su ausencia en un entrenador o un jefe impasibles. Sin embargo, en el mundo empresarial pocas veces vemos que se elogie, y mucho menos que se recompense, a alguien por su empatía. La palabra en sí ya parece poco profesional, como si desentonara entre las duras realidades del mercado. No obstante, la empatía no equivale a sensiblería: en el caso de un líder, no supone adoptar las emociones de los demás como propias y tratar de complacer a todo el mundo, lo que sería una pesadilla e impediría actuar. Por el contrario, la empatía implica considerar detenidamente los sentimientos de los subordinados, junto con otros factores, en el proceso de toma de decisiones inteligentes. Como ejemplo de empatía en acción podemos comentar el de la fusión de dos gigantes del corretaje, que provocó la necesidad de reducir la plantilla en todas las divisiones. El director de una de ellas reunió a su equipo y pronunció un discurso pesimista que hacía hincapié en la cantidad de gente que iban a despedir al cabo de poco tiempo. El de otra se dirigió a sus subordinados con palabras muy distintas, manifestó con franqueza su preocupación y su confusión, y prometió mantenerlos informados y tratar a todo el mundo equitativamente. La diferencia entre uno y otro fue la empatía. El primer jefe estaba tan preocupado por su destino personal que no tuvo en cuenta los sentimientos de sus colegas, muy angustiados. El segundo se dio cuenta por intuición de qué sentían los miembros de su equipo y verbalizó sus miedos. ¿Debe sorprendernos que la división del primero se desplomara con la salida de muchos trabajadores desmoralizados, en especial los más válidos? En cambio, el segundo directivo siguió siendo un gran líder, sus mejores trabajadores se quedaron y su división continuó tan productiva como siempre.

La empatía es especialmente importante hoy en día como componente del liderazgo como mínimo por tres razones: el incremento en la utilización de equipos, el rápido avance de la globalización y la necesidad creciente de conservar a los buenos trabajadores. Pensemos en el reto que supone dirigir un equipo. Como puede atestiguar todo el que haya formado parte de uno en alguna ocasión, son el caldo de cultivo de emociones que pueden estallar en cualquier momento. Con frecuencia se les encomienda alcanzar un consenso, lo cual ya es bastante difícil entre dos, y mucho más si crece el número de personas. Incluso en equipos de tan solo cuatro o cinco miembros se forman alianzas y se marcan objetivos en conflicto. El líder debe ser capaz de notar y comprender los puntos de vista de todos los que se sientan a la mesa. Es exactamente lo que logró hacer una directora de marketing de una gran empresa de informática cuando le asignaron llevar un equipo conflictivo donde reinaba la confusión, había una sobrecarga de trabajo y no se cumplían los plazos de entrega. Las tensiones entre los miembros eran importantes. Ajustar los métodos de trabajo no bastaba para cohesionar el grupo y conseguir que fuera parte efectiva de la empresa. En consecuencia, la directiva dio varios pasos. Organizó una serie de reuniones individualizadas y dedicó el tiempo necesario a escuchar a todos uno por uno, para saber qué les resultaba frustrante, cómo valoraban a sus colegas y si sentían que se les había hecho poco caso. Y entonces gestionó el equipo de una forma que lo cohesionó: los animó a hablar más abiertamente de sus frustraciones y los ayudó a plantear quejas constructivas en las reuniones. En resumen, su empatía le permitió comprender la estructura emocional de su equipo. El resultado no fue solo una mejor colaboración entre los trabajadores, sino una mayor actividad empresarial, ya que se requirió al grupo para colaborar con un mayor abanico de clientes internos.

La globalización es otro motivo del aumento de la importancia de la empatía entre los líderes empresariales. El diálogo intercultural puede provocar con facilidad confusiones y malentendidos. Un antídoto es la empatía. La gente que hace gala de ella está en sintonía con las sutilezas del lenguaje corporal, recibe el mensaje que se esconde entre líneas. Además, comprende claramente la existencia y la importancia de las diferencias culturales y étnicas. Pongamos como ejemplo el caso de un consultor de Estados Unidos cuyo equipo acababa de presentar un proyecto a un posible cliente japonés. En su país, el equipo estaba acostumbrado a que, tras una propuesta de ese tipo, lo bombardearan a preguntas, pero en aquella ocasión se hizo un silencio sepulcral. Los estadounidenses, que entendieron aquella reacción como un rechazo, ya estaban listos para dar por perdida la oportunidad y marcharse, pero su jefe les hizo un gesto para que no se movieran. Aunque no conocía especialmente la cultura japonesa, se fijó en el gesto y la postura del cliente y no detectó rechazo, sino interés, incluso una profunda reflexión. Tenía razón: cuando por fin habló, el cliente encargó el trabajo a la empresa de consultoría.

Por último, la empatía desempeña una función decisiva para retener a los trabajadores válidos, en especial en la economía de la información de nuestros días. Los líderes siempre han necesitado empatía para formar y conservar a los buenos empleados, pero actualmente hay más en juego. Cuando se marcha un buen trabajador se lleva el conocimiento de la empresa. Ahí intervienen los *coaches* y los mentores. Se ha demostrado repetidamente que la mediación de esas dos figuras es una buena inversión que no solo propicia un mejor rendimiento, sino también una mayor satisfacción laboral y una menor movilidad. Sin embargo, lo que hace que funcionen mejor es la naturaleza de la relación. Cuando son realmente buenos, los *coaches* y los mentores se meten en la cabeza de la gente a la que ayudan. Se dan cuenta de cómo deben ofrecer una retroalimentación eficaz. Saben cuándo insistir para mejorar el rendimiento y cuándo contenerse. En la forma de motivar a sus clientes demuestran cómo debe aplicarse la empatía. Me permito repetir, a riesgo de parecer demasiado insistente, que en la empresa no se respeta demasiado. La gente duda de que los líderes puedan tomar decisiones difíciles si tienen en cuenta los sentimientos de todas las personas que vayan a verse afectadas, pero lo cierto es que los líderes empáticos no se limitan a simpatizar con la gente que los rodea: utilizan sus conocimientos para que sus empresas mejoren de forma sutil pero determinante.

LA CAPACIDAD SOCIAL

Los dos primeros componentes de la inteligencia emocional son habilidades de autogestión. Los dos últimos, la empatía y la capacidad social, tienen que ver con la facultad de gestionar las relaciones con los demás. Como componente de la inteligencia emocional, la capacidad social no es tan sencilla como puede parecer. No se trata de una simple cuestión de simpatía (si bien la gente con un alto nivel de capacidad social pocas veces es mezquina), sino de una simpatía con un objetivo determinado: hacer avanzar a los demás en la dirección que deseamos, se trate del consenso sobre una nueva estrategia de marketing o del entusiasmo ante un nuevo producto.

Los individuos con capacidad social suelen tener un

amplio círculo de conocidos y facilidad para encontrar puntos en común con gente de todo tipo, es decir, para lograr una compenetración. Eso no quiere decir que alternen constantemente, sino que trabajan dando por sentado que a solas no se consigue nada importante. Son personas que tienen preparada una red cuando llega el momento de actuar. La capacidad social es la culminación de las demás dimensiones de la inteligencia emocional. La gente tiende a ser muy eficiente en la gestión de las relaciones cuando logra comprender y controlar sus emociones y demostrar empatía por las de los demás.

También la motivación contribuye a la capacidad social. Recordemos que la gente motivada para obtener resultados suele ser optimista, incluso ante los reveses o los fracasos. Y la actitud positiva ante la vida se refleja en las conversaciones y demás encuentros sociales. Ese tipo de gente goza de popularidad, y con razón. Por ser el resultado de las demás dimensiones de la inteligencia emocional, la capacidad social se reconoce en el entorno laboral de muchas formas que a estas alturas nos resultan conocidas. Por ejemplo, la gente que la posee es hábil en la gestión de equipos, gracias a la empatía, y también destaca por sus grandes dotes de persuasión, donde se manifiestan tanto la autoconciencia como la autorregulación y la empatía. Al contar con esas habilidades, la gente con dotes de persuasión sabe, por ejemplo, cuándo hay que apelar a las emociones y cuándo va a funcionar mejor un llamamiento a la razón. Además, si la motivación se muestra en público ese tipo de individuo resulta un excelente colaborador: su pasión por el trabajo se contagia a los demás, que se animan a buscar soluciones.

Sin embargo, en ocasiones la capacidad social se muestra de forma distinta a los demás componentes de la inteligencia emocional. Así, puede parecer que la gente que la posee está en la oficina sin trabajar, de cháchara con los compañeros por los pasillos o bromeando con personas que ni siquiera tienen vinculación con su «verdadero» trabajo. Lo que sucede en realidad es que a la gente con capacidad social no le parece lógico limitar arbitrariamente el ámbito de sus relaciones y establece vínculos en una red amplia porque sabe que en esta época de movilidad puede ser que un día necesite la ayuda de alguien a quien esté empezando a conocer hoy.

Un buen ejemplo es el de un ejecutivo del departamento de estrategia de una multinacional de la informática. En 1993 ya estaba convencido de que el futuro de la empresa era internet, de modo que dedicó un año a encontrar mentalidades afines y utilizó su capacidad social para componer una comunidad virtual ajenas a niveles, divisiones y países. A continuación utilizó ese equipo para crear un sitio web, uno de los primeros de una gran corporación. Además, por iniciativa propia y sin contar ni con presupuesto ni con un reconocimiento formal, inscribió la empresa en una convención anual del sector de internet. Pidió ayuda a sus aliados y persuadió a varias divisiones para que donaran fondos, y consiguió que más de cincuenta personas de una docena de unidades distintas representaran a la multinacional en aquel congreso. La dirección tomó buena nota y transcurrido menos de un año el equipo del ejecutivo formó la base de la primera división de internet, de la que lo nombraron director. Para llegar hasta allí había hecho caso omiso de las limitaciones y había forjado y mantenido conexiones con gente de todos los ámbitos de la compañía.

¿La capacidad social se considera una aptitud clave para el liderazgo en la mayoría de las empresas? La respuesta es que sí, sobre todo si se compara con los demás componentes de la inteligencia emocional. Da la impresión de que la gente sabe instintivamente que los líderes tienen que gestionar las relaciones adecuadamente; ningún líder vive aislado del mundo. Al fin y al cabo, su labor es conseguir que otras personas trabajen, algo que la capacidad social hace posible. Si un líder no sabe expresar su empatía es como si careciera de ella. Y la motivación del líder será inútil si no logra comunicar su pasión a la organización. La capacidad social les permite sacar partido de su inteligencia emocional.

Sería una tontería negar que, como se nos ha dicho toda la vida, el coeficiente intelectual y la capacidad técnica son ingredientes importantes de un buen liderazgo, pero la receta no estaría completa sin la inteligencia emocional. Antes se creía que sus componentes no estaban de más en un líder empresarial, pero ahora sabemos que, si se busca un buen rendimiento, son imprescindibles. En ese sentido, es una suerte que la inteligencia emocional pueda aprenderse. El proceso no es sencillo. Hace falta tiempo y, sobre todo, compromiso, pero las ventajas que ofrece una inteligencia emocional bien desarrollada, tanto para el individuo como para la organización, hacen que el esfuerzo valga la pena.

Liderazgo que consigue resultados

Adaptado de la revista *Harvard Business Review*

Si preguntamos a un grupo cualquiera de profesionales del mundo de la empresa qué hacen los líderes eficientes, las respuestas serán de lo más variado. Los líderes marcan las estrategias, motivan, crean una misión, implantan una cultura.

A continuación podemos preguntar qué deberían hacer. Si se trata de un grupo curtido, es probable que haya una única respuesta: el principal trabajo del líder es conseguir resultados.

Pero ¿cómo? El misterio de lo que pueden y deben hacer los líderes para suscitar el mejor rendimiento de sus subordinados es antiquísimo. A pesar de todo, mucha gente y muchas organizaciones no consiguen un liderazgo eficaz. Uno de los motivos es que hasta hace poco prácticamente no había investigaciones cuantitativas que demostraran qué conductas de liderazgo concretas daban lugar a resultados positivos.

Los expertos en liderazgo ofrecen consejos surgidos

de la deducción, la experiencia y el instinto. Unas veces esos consejos dan en la diana; otras no.

Una investigación de la consultoría Hay/McBer, basada en una muestra aleatoria de 3.871 individuos seleccionados de una base de datos de más de 20.000 ejecutivos de todo el mundo, acaba con gran parte del misterio que envolvía al liderazgo eficaz. El estudio descubre seis estilos de liderazgo distintos, cada uno de ellos derivado de diferentes componentes de la inteligencia emocional. Analizados individualmente, los estilos parecen afectar de forma directa y singular a la atmósfera de trabajo de una empresa, una división o un equipo, así como a su rendimiento económico. Y, lo que quizás es más importante, la investigación indica que los líderes con los mejores resultados no se basan en un solo estilo, sino que utilizan muchos o la mayoría en una misma semana, sin problemas de conciliación y en distinta medida, en función de las circunstancias empresariales.

Imaginémonos los estilos, pues, como el surtido de palos que lleva en la bolsa un golfista profesional. A lo largo de una partida va eligiendo los que le interesan en función de las necesidades de cada golpe. Algunas veces tiene que meditar la decisión, pero por lo general es automática. El golfista evalúa el reto que tiene ante sí, saca el palo con decisión y lo utiliza con elegancia. Así funcionan también los líderes de alto nivel.

¿Cuáles son los seis estilos de liderazgo? Solo con ver el nombre y una breve descripción, es probable que cualquiera que sea líder, que esté a las órdenes de un líder o, como nos sucede a la mayoría, que desempeñe los dos papeles se sienta reflejado. Los líderes autoritarios movilizan a la gente hacia una visión. Los líderes conciliadores generan vínculos emocionales y armonía. Los líderes democráticos crean consenso mediante la participación. Los líderes ejemplarizantes esperan rendimiento y autonomía. Los líderes *coach* contribuyen al desarrollo de la gente para el futuro. Y los líderes coercitivos exigen una sumisión inmediata.

Cierre los ojos y sin duda podrá imaginarse a un colega que emplee uno de esos estilos. Lo más probable es que usted mismo utilice como mínimo uno. La novedad que presenta este estudio es su aplicación práctica. En primer lugar, ofrece un análisis detallado de los efectos de los distintos estilos de liderazgo en el rendimiento y los resultados. En segundo lugar, aporta unas pautas claras sobre cuándo debe un directivo pasar de uno a otro. También apunta claramente que es muy recomendable tener flexibilidad para hacer esos cambios. Es una novedad, asimismo, el descubrimiento de que cada uno de los estilos de liderazgo se basa en distintos componentes de la inteligencia emocional.

LA MEDICIÓN DE LOS EFECTOS DEL LIDERAZGO

El desaparecido David McClelland, eminente psicólogo de la Universidad de Harvard, descubrió que los líderes con un buen nivel de un mínimo de seis competencias de la inteligencia emocional eran mucho más eficientes que los demás. Por ejemplo, al analizar el rendimiento de los jefes de división de una multinacional de alimentación y bebidas descubrió que entre los líderes con ese nivel mínimo de competencias el ochenta y siete por ciento se encontraba entre el primer tercio de los receptores de primas anuales en función de su rendimiento. Aún es más revelador el hecho de que, de media, sus divisiones superasen los objetivos de ingresos anuales entre un quince y un veinte por ciento.

Los ejecutivos que carecían de inteligencia emocional pocas veces se valoraban de forma excepcional en las evaluaciones de rendimiento anuales, y sus divisiones quedaban de media casi un veinte por ciento por debajo de los objetivos. La investigación sobre los estilos de liderazgo buscaba una perspectiva más disgregada de los vínculos entre liderazgo e inteligencia emocional, así como entre clima laboral y rendimiento. Un equipo de colegas de McClelland encabezado por Mary Fontaine y Ruth Jacobs, de lo que hoy se conoce como el Instituto McClelland, ubicado en la sede del Hay Group en Boston, estudió datos de miles de ejecutivos o les hizo un seguimiento y anotó conductas concretas y sus efectos en el clima laboral.

¿Cómo motivaba cada individuo a sus subordinados inmediatos? ¿Cómo reaccionaba ante las iniciativas de cambio? ¿Cómo gestionaba las crisis? En una fase posterior de la investigación se identificó la relación entre las capacidades de la inteligencia emocional y los seis estilos de liderazgo. ¿Qué valoración obtenía el individuo en cuanto a autocontrol y capacidad social? ¿Mostraba niveles altos o bajos de empatía? El equipo evaluó el clima de la esfera de influencia inmediata de cada uno de los ejecutivos.

El clima no es un término general. Definido en un principio por los psicólogos George Litwin y Richard Stringer y redefinido después por McClelland y sus colegas, el clima o atmósfera laboral recoge seis factores clave que influyen en el entorno de una organización: la flexibilidad, es decir, la libertad que sienten los trabajadores para innovar sin que se les impongan trámites burocráticos; el sentido de la responsabilidad con la empresa; el nivel de calidad que marcan los individuos; la precisión de los comentarios sobre el rendimiento y la idoneidad para recibir recompensas; la claridad con la que ven los individuos la misión y los valores, y por último el nivel de compromiso con un objetivo común. Los seis estilos de liderazgo tienen un efecto mensurable en los distintos aspectos del clima.

Es más, cuando el equipo analizó la influencia del clima en los resultados económicos (como el rendimiento de ventas, el crecimiento de los ingresos, la eficacia y la rentabilidad) encontró una correlación directa. Los líderes que aplicaban estilos que afectaban positivamente al clima laboral obtenían resultados económicos claramente superiores. Eso no quiere decir que el clima de una empresa sea el único motor del rendimiento. Las condiciones económicas y la dinámica competitiva son sumamente importantes. Sin embargo, el análisis indica con claridad que del clima depende casi un tercio de los resultados. Y eso es un porcentaje muy importante que no puede dejarse de lado.

Los ejecutivos aplican los seis estilos de liderazgo principales, pero solo cuatro de ellos tienen sistemáticamente un efecto positivo en el clima y los resultados. Vamos a analizarlos todos en detalle, empezando por el autoritario (o visionario).

Tom era vicepresidente de marketing de una cadena estadounidense de pizzerías que luchaba por mantenerse a flote. Por descontado, el mal rendimiento de la empresa preocupaba a los altos directivos, pero no sabían qué hacer. Se reunían todos los lunes para ver las últimas cifras de ventas y no conseguían encontrar solución a sus problemas. Para Tom, aquel sistema no tenía sentido: «Nos dedicábamos a tratar de descubrir por qué habían bajado las ventas la semana anterior. Teníamos a toda la empresa mirando hacia atrás y no decidiendo lo que teníamos que hacer al día siguiente.»

Tom vio una oportunidad de cambiar la forma de pensar de los demás en una reunión de estrategia celebrada fuera de las oficinas. La conversación empezó con una serie de perogrulladas: la empresa tenía que aumentar los beneficios de los accionistas y la rentabilidad de los activos. Tom consideraba que esos conceptos no tenían la fuerza necesaria para impulsar al encargado de un restaurante a ser innovador o a hacer su trabajo mejor de lo imprescindible.

Entonces se atrevió a dar un paso. En mitad de la reunión, animó apasionadamente a sus compañeros a pensar desde el punto de vista del cliente. «Los clientes quieren comodidad», aseguró. La empresa no se dedicaba a gestionar restaurantes, sino a distribuir pizzas de gran calidad y fáciles de conseguir. Ese concepto y ningún otro debía impulsar todas las actuaciones.

Con su gran entusiasmo y sus ideas claras (los distintivos del estilo autoritario) Tom llenó un vacío de liderazgo en la empresa y su concepto pasó a ser la base de la nueva formulación de la misión, pero ese gran avance fue solamente el principio. Tom se encargó de que la formulación de la misión se incorporase al proceso de planificación estratégica de la empresa como principal motor de crecimiento. Y también de que la visión se articulase de modo que los encargados de las pizzerías entendieran que eran la clave del éxito de la empresa y tenían libertad para encontrar nuevas formas de distribuir el producto.

Los cambios se produjeron con rapidez. En cuestión de semanas, los encargados empezaron a garantizar plazos de entrega más ajustados y, lo que es mejor, a actuar como emprendedores y a encontrar puntos originales donde abrir nuevas sucursales: quioscos en esquinas concurridas y en estaciones de autobús y tren, incluso carritos en aeropuertos y vestíbulos de hotel.

El éxito de Tom no fue un golpe de suerte. La investigación indica que de los seis estilos de liderazgo el autoritario es el más eficaz, ya que mejora todos los aspectos del clima. Pensemos en la claridad. El líder autoritario tiene visión de futuro y motiva a los trabajadores, dejándoles claro cómo encaja su función en la visión general de la organización. Los subordinados de ese tipo de líderes comprenden que su actividad tiene importancia y por qué.

Además, el liderazgo autoritario potencia al máximo el compromiso con los objetivos y la estrategia de la empresa. Al enmarcar las tareas individuales en una visión global, el líder autoritario marca unos niveles de calidad que giran en torno a esa visión. Cuando comunica sus reacciones ante el rendimiento (sean positivas o negativas), el único criterio es si ese rendimiento promueve la visión. Todo el mundo tiene claros los niveles que hay que alcanzar para conseguir el éxito y también las recompensas que comporta.

Por último, conviene tener en cuenta el efecto del estilo en la flexibilidad. Un líder autoritario señala el objetivo, pero por lo general deja mucho margen de acción para que cada uno se organice a su manera. Este tipo de jefe da libertad para innovar, experimentar y correr riesgos calculados. Debido a su efecto positivo, el estilo autoritario funciona bien en casi todas las situaciones profesionales, pero es especialmente eficaz en el caso de las empresas que necesitan un golpe de timón. El líder autoritario marca un nuevo rumbo y vincula a sus subordinados a una nueva visión a largo plazo.

De todos modos, y a pesar de sus ventajas, el estilo autoritario no funciona en todas las situaciones. Fracasa, por ejemplo, cuando un líder trabaja con un equipo de expertos o iguales con más experiencia que él; pueden considerarlo presuntuoso y desinformado. Otra limitación: si al tratar de ser autoritario un jefe resulta despótico corre el riesgo de socavar el espíritu igualitario de un equipo competente. Sin embargo, a pesar de esas salvedades, los líderes harían bien de sacar el «palo» autoritario con bastante frecuencia. Puede que no les garantice meter la pelota en el agujero de un solo golpe, pero desde luego ayuda en el trabajo a largo plazo.

El estilo *coach*

En una unidad de producción de una multinacional de la informática las ventas habían caído en picado: del doble que la competencia habían pasado a la mitad. En consecuencia, Lawrence, el presidente de la división de fabricación, decidió cerrar esa unidad y traspasar a sus trabajadores y sus productos. Al enterarse de la noticia, James, director de la unidad condenada, decidió puentear a su jefe y acudir directamente al director general. ¿Qué hizo Lawrence? En lugar de ponerse a gritar a James, se sentó con su subordinado y habló no solo de la decisión de cerrar la unidad, sino también del futuro de James. Le explicó que pasar a otra división le ayudaría a desarrollar nuevas capacidades, le enseñaría a ser mejor líder y le permitiría aprender más cosas sobre el funcionamiento de la empresa. Lawrence se portó más como un consejero que como un jefe tradicional.

Escuchó las preocupaciones y las esperanzas de James y le transmitió las suyas. Le dijo que lo veía anquilosado en su puesto actual, que era, al fin y al cabo, el único que había ocupado en la empresa. Le auguró un excelente porvenir en una nueva función. Entonces la conversación dio un giro práctico. James aún no había mantenido la reunión con el director general que había exigido impulsivamente al enterarse del cierre de su unidad. Lawrence lo sabía y sabía también que el director general defendía firmemente el cierre, así que dedicó el tiempo necesario a aconsejar a James cómo debía presentar su planteamiento. «No es muy habitual tener la oportunidad de verse a solas con el director general —observó—, así que vamos a asegurarnos de que lo impresionas con tus dotes de análisis.»

Le aconsejó que no defendiera su posición personal, sino que se centrara en la unidad de negocio: «Si cree que lo que te interesa es tu lucimiento personal, te echará antes de que hayas tenido tiempo de sentarte.» También lo animó a presentar sus ideas por escrito, porque el director general siempre lo valoraba positivamente.

¿Qué motivos tenía Lawrence para hacerle de *coach*, para asesorarlo en lugar de echarle una bronca? «James es buena persona y tiene un futuro prometedor —nos explicó el ejecutivo—. No quería que aquello echara por tierra sus expectativas. Me interesaba que se quedara en la empresa, que se esforzara, que aprendiera, que sacara provecho y que se desarrollara. Por el simple hecho de haber metido la pata no había que descartarlo.»

La actuación de Lawrence es un excelente ejemplo del estilo *coach*. Los líderes *coach* ayudan a sus subordinados a identificar sus puntos fuertes y débiles particulares y los vinculan a sus aspiraciones personales y profesionales. Animan a los trabajadores a marcarse objetivos de desarrollo a largo plazo y a conceptualizar un plan para alcanzarlos. Llegan a acuerdos con ellos sobre su función y sus responsabilidades en la consecución de los planes de desarrollo y ofrecen gran cantidad de instrucciones y comentarios.

A los líderes *coach* se les da muy bien delegar y asignan a sus subordinados tareas complicadas, aunque eso suponga que no las completen con rapidez. En otras palabras, son líderes dispuestos a soportar fracasos momentáneos si fomentan el aprendizaje a largo plazo.

Según nuestras investigaciones, de los seis estilos el *coach* es el que menos se aplica. Muchos líderes nos contaron que, debido a las grandes presiones del actual mundo empresarial, no tienen tiempo que dedicar a la tarea lenta y tediosa de formar a los trabajadores y ayudarlos a desarrollarse. Sin embargo, después de una primera sesión el tiempo adicional requerido es poco o ninguno. Los líderes que no recurren a este estilo desperdician un gran instrumento: su influencia sobre el clima laboral y el rendimiento es claramente positivo.

Hay que reconocer que existe una paradoja en el efecto positivo del *coaching* en el rendimiento empresarial, dado que esta práctica se centra principalmente en el desarrollo personal, no en tareas laborales inmediatas. A pesar de ellos, el *coaching* mejora los resultados. El motivo es que requiere un diálogo constante, y el diálogo tiene la capacidad de fomentar todos los impulsores de un buen clima. La flexibilidad, por ejemplo. Si un empleado sabe que su jefe está pendiente de él y se preocupa de lo que hace, se siente libre para experimentar, ya que sin duda obtendrá una reacción rápida y constructiva.

De forma similar, el diálogo continuado del *coaching* garantiza que los individuos sepan qué se espera de ellos y cómo encaja su trabajo en una visión o una estrategia generales. Eso afecta a la responsabilidad y a la claridad. En cuanto al compromiso, el *coaching* también ayuda, ya que el mensaje implícito de ese estilo es: «Creo en ti, invierto en ti y espero que des lo mejor de ti.» Muy a menudo los trabajadores se muestran dispuestos a afrontar el reto dando lo mejor de sí mismos.

El estilo *coach* funciona bien en muchas situaciones laborales, pero podría decirse que se le saca el máximo partido cuando quien recibe los consejos se muestra receptivo. Por ejemplo, tiene resultados especialmente buenos cuando los subordinados ya son conscientes de sus puntos débiles y tienen ganas de mejorar su rendimiento. Del mismo modo, es eficaz cuando los trabajadores se dan cuenta de que desarrollar nuevas capacidades puede ayudarlos a avanzar. En resumen: funciona mejor con quienes desean recibir ayuda.

Por el contrario, este estilo tiene poco sentido cuando, por el motivo que sea, los subordinados se resisten a aprender o a cambiar su forma de actuar. Y fracasa si el líder no tiene la pericia necesaria para ayudar al trabajador. Lo cierto es que muchos directivos no conocen bien el *coaching* o sencillamente se les da mal, en especial cuando se trata de hacer de forma continuada comentarios sobre el rendimiento que motiven en lugar de provocar miedo o apatía.

Determinadas empresas se han dado cuenta del efecto positivo de este estilo y están tratando de que sea una competencia básica en su estructura. En algunas, un porcentaje significativo de las primas anuales está vinculado a que el ejecutivo desarrolle a sus subordinados. No obstante, muchas organizaciones aún no aprovechan a fondo este estilo de liderazgo, pero, aunque a simple vista no parezca que vaya a repercutir en los resultados del ejercicio, lo cierto es que los mejora.

EL ESTILO CONCILIADOR

Si el líder autoritario pide «Ven conmigo», la máxima del conciliador es: «La gente ante todo.» Este estilo de liderazgo se centra en la gente: sus defensores valoran a los individuos y sus emociones por encima de las tareas y los objetivos. El líder conciliador busca que los trabajadores estén contentos y exista armonía entre ellos. Su forma de gestionar consiste en crear fuertes vínculos emocionales y luego recoger los frutos de ese planteamiento, en concreto una enorme lealtad.

Este estilo tiene también un efecto claramente positivo en la comunicación. Quienes se caen muy bien hablan mucho. Intercambian ideas; intercambian inspiración. Y este estilo fomenta la flexibilidad; los amigos se tienen confianza, lo que permite que de forma habitual se innove y se corran riesgos. La flexibilidad se incrementa también porque el líder conciliador, como un padre o una madre que ajusta las reglas de la casa para un adolescente que está madurando, no impone restricciones innecesarias sobre la forma de proceder de sus subordinados. Les confiere la libertad de hacer su trabajo de la forma que consideren más eficaz.

En cuanto a la sensación de reconocimiento y recompensa por el trabajo bien hecho, el líder conciliador hace muchos comentarios positivos, que tienen una fuerza especial en el entorno laboral, dado que no son lo más habitual: aparte de una revisión anual, la mayoría de la gente no suele recibir observaciones sobre su labor cotidiana, o solo las recibe cuando son negativas. Por eso las palabras de ánimo del líder conciliador son aún más motivadoras.

Por último, los líderes conciliadores dominan la construcción de la identidad laboral. Es probable, por ejemplo, que lleven a sus subordinados inmediatos a comer o a tomar algo, a solas, para ver cómo les va. O que lleven un pastel a la oficina para celebrar un éxito del equipo. Crean relaciones de forma instintiva.

Joe Torre, que en los años en que entrenó a los Yankees de Nueva York fue el alma de ese equipo de béisbol, era el típico líder conciliador. Durante la Serie Mundial de 1999 se ocupó hábilmente del estado de ánimo de sus jugadores, que tuvieron que sufrir la presión de un final de temporada de infarto. A lo largo de todo el año había hecho un esfuerzo para alabar a Scott Brosius, cuyo padre murió por entonces, para que no perdiera la concentración a pesar de lo mal que lo estaba pasando.

En la fiesta celebrada tras el último partido del equipo, Torre no se olvidó de Paul O'Neill, que jugaba de jardinero derecho. Aunque se había enterado de la muerte de su padre aquella misma mañana, O'Neill había decidido jugar aquel partido decisivo... y se había echado a llorar en el momento en que había terminado. Torre decidió mencionar en público su esfuerzo personal y lo calificó de «guerrero». También aprovechó la celebración de la victoria para elogiar a dos jugadores cuyo regreso al año siguiente no estaba confirmado debido a problemas contractuales. Con eso hizo llegar al equipo y a los propietarios del equipo el claro mensaje de que apreciaba inmensamente a esos dos hombres y no quería perderlos.

Además de atender a las emociones de sus subordinados, un líder conciliador también puede tratar las suyas propias en voz alta. El año en que su hermano estuvo a las puertas de la muerte mientras esperaba un trasplante de corazón, Torre comentó sus preocupaciones a los jugadores. También habló sin tapujos con el equipo del tratamiento que recibía él mismo por un cáncer de próstata. Gracias a que sus efectos son generalmente positivos, el estilo conciliador puede utilizarse en cualquier ocasión, pero los líderes deben recurrir a él en especial cuando pretendan crear armonía en el equipo, aumentar la moral, mejorar la comunicación o reparar la confianza si se ha roto.

Un buen ejemplo es el caso de una ejecutiva a la que contrataron para sustituir a un líder de equipo despiadado que se había llevado la gloria por el trabajo de sus subordinados y había tratado de enfrentarlos entre ellos. No lo había conseguido, pero en el grupo habían surgido sospechas y recelos. La nueva jefa logró solucionar el problema demostrando sinceridad emocional en todo momento y reconstruyendo puentes. Al cabo de unos meses su liderazgo había logrado crear una nueva atmósfera de compromiso y energía.

A pesar de sus ventajas, el estilo conciliador no debe utilizarse en solitario. Por centrarse exclusivamente en el elogio, podría permitir que un mal rendimiento quedara sin corregirse y los trabajadores podrían quedarse con la idea de que se tolera la mediocridad. Además, como los líderes conciliadores pocas veces dan consejos constructivos sobre cómo mejorar, los trabajadores tienen que ingeniárselas por su cuenta. Cuando alguien necesita directrices claras para superar retos complejos, el estilo conciliador no le indica el rumbo.

De hecho, si se confía en exceso en él este estilo puede acabar llevando a un grupo al fracaso. Quizá por eso muchos líderes conciliadores, entre ellos Torre, utilizan este estilo en conjunción con el autoritario. Los líderes autoritarios plantean una visión, marcan pautas e informan a los individuos de su contribución a los objetivos del equipo. Si eso se alterna con el planteamiento atento y afectuoso del líder conciliador, la combinación puede dar muy buenos resultados.

Sor Mary dirigía la red de colegios católicos de un área metropolitana. Uno de los centros, el único colegio privado de un barrio humilde, perdía dinero desde hacía años, por lo que la archidiócesis ya no podía permitirse mantenerlo abierto. Cuando sor Mary recibió la orden definitiva de cerrarlo no la cumplió sin más.

En lugar de eso, convocó una reunión de todo el profesorado y el personal no docente y les explicó los detalles de la crisis; era la primera vez que se trataba la vertiente económica del centro con alguien que trabajaba allí. Les pidió que aportaran ideas para mantener abierto el colegio y para gestionar su cierre, en caso de que fuera inevitable. Sor Mary dedicó la mayor parte de la reunión a escuchar. Lo mismo hizo después en otros encuentros con los padres de los alumnos y con la comunidad, y durante una serie de entrevistas posteriores con los profesores y el personal.

Tras dos meses de conversaciones se alcanzó un claro consenso: el centro debía cerrar. Se preparó un plan para trasladar a los alumnos a otros colegios de la red de centros católicos. El resultado final fue el mismo que si sor Mary hubiera cumplido la orden de cierre directamente, pero al permitir a todos los interesados llegar a esa decisión de forma colectiva evitó la reacción en contra que de otro modo se habría producido. La gente lamentó la pérdida del colegio, pero comprendió que era inevitable. Prácticamente nadie puso objeciones.

Podemos comparar esa historia con las experiencias de un sacerdote de nuestra investigación que dirigía otro colegio católico. También a él le ordenaron cerrarlo. Y lo cerró. Por decreto. El resultado fue desastroso: los padres presentaron demandas, los profesores y los padres montaron manifestaciones y los periódicos de la zona publicaron editoriales que criticaban la decisión. Le costó un año resolver las disputas, antes de poder cerrar por fin el centro.

Sor Mary es un ejemplo de la aplicación del estilo democrático... y de sus ventajas. Al dedicar tiempo a recoger las ideas y el respaldo de los demás, el responsable de un equipo consigue confianza, respeto y compromiso. Al permitir que los trabajadores den su opinión sobre decisiones que afectan a sus objetivos y a su forma de proceder, el líder democrático fomenta la flexibilidad y la responsabilidad. Y al escuchar las preocupaciones de los demás descubre qué hacer para mantener alta la moral. Por último, y dado que tienen voz en la definición de los objetivos y de los parámetros para evaluar el éxito, quienes se encuentran en un sistema democrático tienen a ser muy realistas sobre lo que puede conseguirse y lo que no.

No obstante, el estilo democrático tiene sus inconvenientes, por lo que su efecto sobre el clima no es tan grande como el de algunos otros. Una de sus consecuencias más exasperantes es que pueden sucederse reuniones interminables en las que se repiten las mismas ideas, no se consigue un consenso y el único resultado visible es programar más reuniones. Algunos líderes recurren al estilo democrático para aplazar decisiones cruciales, con la esperanza de que de tanto dar vueltas a lo mismo al final se haga la luz. En realidad, sus subordinados acaban confundidos y sin dirección. Un planteamiento así puede incluso provocar conflictos.

¿Cuándo funciona mejor este estilo? Es ideal cuando el líder no tiene muy claro qué rumbo tomar y necesita opiniones y aportaciones de empleados competentes. También, aunque tenga las ideas claras, el estilo democrático puede funcionarle para generar nuevas propuestas de cara a la ejecución de esa visión. Por descontado, este estilo tiene mucho menos sentido cuando los trabajadores no están lo bastante preparados o informados para ofrecer buenos consejos. Y prácticamente no hay que decir que buscar el consenso es mala idea en tiempos de crisis.

Tomemos como ejemplo al director general de una empresa informática que corría mucho peligro por los cambios producidos en el mercado. Siempre buscaba consenso antes de adoptar una decisión. Mientras la competencia le robaba los clientes y las necesidades de estos iban cambiando, él no dejaba de crear comisiones que estudiaran la situación. Cuando se produjo un cambio inesperado en el mercado debido a una nueva tecnología, el director general se quedó atascado.

La junta lo sustituyó antes de que pudiera crear el enésimo grupo de análisis para tratar la situación. En cambio, el nuevo director general aplicó, sobre todo durante los primeros meses, un claro estilo autoritario, a pesar de recurrir al democrático y al conciliador en ocasiones.

EL ESTILO EJEMPLARIZANTE

El estilo ejemplarizante tiene un lugar en el repertorio del líder, pero debe utilizarse con moderación. No era eso lo que esperábamos descubrir. Al fin y al cabo, sus características son a priori admirables. El líder establece unos niveles de rendimiento altísimos y los ilustra personalmente. Demuestra una obsesión por hacer las cosas mejor y más rápido y pide lo mismo de todos los que lo rodean. Enseguida identifica a quienes rinden poco y les exige más. Si no se ponen a la altura necesaria, los sustituye por alguien que sí sea capaz de ello.

A simple vista parece que un planteamiento así debería mejorar los resultados, pero no es cierto. En realidad, el estilo ejemplarizante destruye el clima laboral. Muchos trabajadores se sienten abrumados por las exigencias de alto rendimiento del líder ejemplarizante y se desmoralizan. Puede que tenga claras las pautas de trabajo, pero no las comunica con claridad; espera que la gente sepa qué ha de hacer e incluso piensa: «Si hay que decírtelo es que no vales para esto.»

El trabajo ya no es cuestión de hacerlo lo mejor posible siguiendo una ruta bien definida, sino que consiste en adivinar las intenciones del líder. Al mismo tiempo, los subordinados tienen la impresión de que el jefe no confía en su forma de trabajar ni en sus iniciativas. La flexibilidad y la responsabilidad desaparecen; el trabajo tan centrado en las tareas concretas y tan rutinario resulta aburrido. En cuanto a las recompensas, el líder ejemplarizante o no aporta observaciones sobre la labor de los demás o se apresura a sustituirlos cuando cree que se han quedado atrás. Además, cuando no está presente los trabajadores se quedan a la deriva, porque se han acostumbrado a que «el experto» marque la pauta. Por último, el compromiso se reduce bajo el mando de un líder así, ya que la gente no ve cómo encaja su esfuerzo personal en el contexto general.

Una muestra del estilo ejemplarizante es el caso de Sam, bioquímico de I+D de una gran empresa farmacéutica. Gracias a sus excelentes conocimientos técnicos triunfó con rapidez: todo el mundo acudía a él cuando necesitaba ayuda. Lo ascendieron enseguida a jefe de un equipo encargado de crear un nuevo producto. Los demás científicos del grupo eran igual de competentes que Sam y estaban igual de motivados; su función como líder consistió en ponerse de modelo de cómo hacer un trabajo científico de primera a pesar de la enorme presión para entregarlo a tiempo, y en echar una mano cuando fuera necesario. Su equipo completó la labor en un tiempo récord.

Y entonces llegó el siguiente encargo: Sam pasó a ser director de I+D de toda su división. Sus funciones fueron ampliándose, tuvo que articular una visión, coordinar proyectos, delegar responsabilidad y ayudar a formar a otras personas, y empezó a perder fuelle. Como no confiaba en que sus subordinados fueran tan capaces como él, se convirtió en microgestor y se obsesionó con los detalles y con sustituir a los demás cuando su rendimiento disminuía. En lugar de confiar en que mejorasen a base de orientación y formación, Sam acabó trabajando por las noches y los fines de semana tras reemplazar al jefe de un equipo de investigación que no funcionaba bien. Al final, su superior propuso que volviera a su puesto de director de un equipo de desarrollo de productos, cosa que supuso un alivio para Sam.

Aunque Sam no obtuvo buenos resultados, el estilo ejemplarizante no siempre es un desastre. Funciona bien cuando todos los empleados están motivados, son muy competentes y requieren poca orientación o coordinación;

así, puede resultar útil para líderes de profesionales muy preparados y muy motivados, como grupos de I+D o equipos legales. Además, cuando un líder recibe el encargo de dirigir un equipo de alto nivel el estilo ejemplarizante sirve precisamente para eso, para dar ejemplo: permite entregar el trabajo a tiempo o incluso con antelación. Sin embargo, al igual que los demás estilos de liderazgo, nunca debería aplicarse de forma exclusiva.

EL ESTILO COERCITIVO

Una empresa informática sufría una crisis seria: habían bajado las ventas y los beneficios, las acciones perdían valor vertiginosamente y los accionistas estaban revolucionados. El consejo nombró a un nuevo director general con reputación de tener mucha mano para los cambios radicales que se puso a despedir empleados, vender divisiones y tomar las decisiones difíciles que deberían haberse aplicado hacía años. La compañía se salvó, al menos a corto plazo. Sin embargo, desde un principio el director general impuso un ambiente de miedo, intimidación y humillación a sus ejecutivos: ante el mínimo error echaba una bronca tremenda. Los niveles superiores del escalafón quedaron diezmados no solo por sus despidos imprevisibles, sino también por las dimisiones. Sus subordinados inmediatos, asustados ante su tendencia a echar la culpa al que le comunicaba una mala noticia, dejaron de comunicarse con él. La moral estaba por los suelos, lo que se reflejó en otro bajón de la empresa tras la breve recuperación. Al final el consejo tuvo que despedir al director general.

Es fácil comprender por qué de todos los estilos de liderazgo el coercitivo es el menos eficaz en la mayoría de situaciones. Pensemos en sus consecuencias para el clima laboral. La flexibilidad es lo que más se resiente. La toma de decisiones del líder, completamente vertical, mata las nuevas ideas de raíz. La gente se siente tan humillada que piensa: «¿Para qué voy a aportar nuevas ideas, si seguro que las rechaza?» Del mismo modo, el sentido de la responsabilidad se debilita mucho: al no poder actuar por iniciativa propia, los trabajadores no se implican y se sienten poco responsables de su rendimiento. Algunos acaban tan resentidos que se dicen: «Me niego a ayudar a ese cabrón.»

El liderazgo coercitivo también tiene un efecto perjudicial sobre el sistema de recompensas. Casi todos los trabajadores con un alto rendimiento están motivados por algo más que el dinero: persiguen la satisfacción del trabajo bien hecho. El estilo coercitivo merma ese orgullo. Por último, también hay que señalar que socava uno de los principales instrumentos del líder: motivar a sus subordinados al mostrarles cómo encaja su trabajo en la misión general, compartida por todos. Al desaparecer ese factor, con la disminución de claridad y compromiso que comporta, se reduce la vinculación de los trabajadores con su labor y se quedan pensando: «¿Para qué sirve todo esto?»

Dadas las repercusiones del estilo coercitivo, podría concluirse que no debe aplicarse jamás. Sin embargo, las investigaciones indican que en algunas ocasiones ha funcionado a las mil maravillas.

Pensemos en un presidente de división al que se contrató para dar un nuevo rumbo a una empresa alimentaria que perdía dinero. Su primera actuación fue derribar la sala de juntas, que, con su larga mesa de mármol, que según él «recordaba la cubierta de la nave de *Star Trek*» y simbolizaba la formalidad tradicional que estaba paralizando la empresa. La destrucción de la sala, con el posterior traslado a otra más informal y más reducida, supuso un mensaje que nadie pudo pasar por alto, y en consecuencia la cultura de la división cambió con rapidez.

A pesar de eso, el estilo coercitivo debe utilizarse con muchísimo cuidado y en las escasas situaciones en que sea absolutamente imprescindible; por ejemplo, durante un cambio radical de rumbo o ante la perspectiva de una adquisición hostil. En esos casos puede servir para romper hábitos empresariales fallidos y para provocar una conmoción que haga que la gente cambie de forma de trabajar. Siempre es adecuado durante una auténtica emergencia, por ejemplo después de un terremoto o un incendio. Y puede funcionar con empleados problemáticos con los que haya fallado todo lo demás.

No obstante, si un líder aplica únicamente este estilo o sigue utilizándolo una vez pasada la emergencia, las repercusiones a largo plazo de su falta de sensibilidad ante la moral y los sentimientos de sus subordinados serán desastrosas.

LOS LÍDERES NECESITAN MUCHOS ESTILOS

Numerosos estudios, incluido este, han demostrado que es mejor que un líder emplee un amplio repertorio de estilos. Los que dominan cuatro o más (en especial el autoritario, el democrático, el conciliador y el *coach*) logran el mejor clima laboral y el mejor rendimiento. Además, los jefes más eficientes cambian con flexibilidad entre estilos de liderazgo según sea necesario. Aunque pueda parecer abrumador, lo hemos visto con más frecuencia de lo que podría esperarse, en grandes corporaciones y en pequeñas empresas de reciente fundación, y también en veteranos con experiencia capaces de explicar exactamente el cómo y el porqué de su liderazgo y en emprendedores que aseguran tomar las decisiones solo por instinto.

Esos líderes no ajustan su estilo mecánicamente en función de una lista de situaciones: son mucho más flexibles. Se trata de personas con una enorme sensibilidad ante el efecto que provocan en los demás y que se adaptan sobre la marcha para obtener los mejores resultados. Por ejemplo, esos líderes se dan cuenta en los primeros minutos de una conversación si un empleado competente pero con mal rendimiento se ha quedado desmoralizado debido a la actuación de un jefe poco comprensivo que se limitaba a dar órdenes tajantes, por lo que hay que motivarlo recordándole por qué es importante su trabajo. O también puede ser que ese líder decida dar nuevas energías al empleado preguntándole por sus sueños y sus aspiraciones y buscando formas de que el trabajo le resulte más estimulante. O puede incluso que esa conversación inicial le indique que el empleado necesita un ultimátum: o mejoras o te vas.

Tenemos un buen ejemplo de liderazgo flexible en el caso de Joan, directora general de una importante división de una multinacional de alimentación y bebidas. La nombraron cuando la división sufría una profunda crisis: no alcanzaba los objetivos de beneficios desde hacía seis años y durante el último ejercicio se había quedado a cincuenta millones de dólares de distancia. La moral del equipo directivo estaba por los suelos; la desconfianza y los resentimientos campaban a sus anchas.

La orden que recibió Joan de las altas esferas estaba clara: había que dar un giro radical a la división. En esa labor demostró una agilidad poco habitual cambiando de un estilo de liderazgo a otro. Para empezar se dio cuenta de que tenía poco tiempo para demostrar un liderazgo eficaz y establecer pautas de compenetración y confianza. También era consciente de que resultaba urgente reunir información sobre lo que no funcionaba, así que su primer paso fue escuchar a los individuos clave.

Durante la primera semana en el puesto comió y cenó con todos los miembros del equipo directivo. Su intención era escuchar la opinión de todos y cada uno de ellos sobre la situación, pero el objetivo no era tanto descubrir los distintos diagnósticos como conocerlos personalmente uno a uno. En ese caso Joan aplicó el estilo conciliador: se adentró en sus vidas, sus sueños y sus aspiraciones.

También desempeñó el papel de *coach* al buscar formas de ayudar a los distintos miembros del grupo a conseguir lo que querían en su trayectoria profesional. Por ejemplo, un directivo al que habían comentado que no trabajaba bien en equipo le contó sus preocupaciones: creía que funcionaba bien dentro de la maquinaria, pero las quejas constantes lo agobiaban. Joan se dio cuenta de que era un buen ejecutivo y una baza para la empresa, y acordó con él avisarle (en privado) cuando su comportamiento pudiera impedir su objetivo, es decir, que los demás lo considerasen un buen colaborador.

Tras las entrevistas personales Joan organizó una reunión de tres días fuera de la oficina. En ese caso su meta era mejorar la cohesión del equipo, para que todo el mundo se sintiera partícipe de la solución que llegara a adoptarse para superar los problemas existentes. Su postura inicial el primer día fue la de una líder democrática: animó a todo el mundo a expresar sus frustraciones y sus quejas con libertad.

Al día siguiente pidió al grupo que se centrara en las soluciones: cada uno de los asistentes planteó tres propuestas de actuación concretas. Al ponerlas en común se hizo evidente un consenso natural sobre las prioridades de la empresa, como la reducción de costes. Entonces el grupo fue planteando planes de acción específicos, con lo que Joan obtuvo el compromiso y el respaldo que buscaba.

Teniendo clara esa visión, pasó al estilo autoritario y asignó cada uno de los pasos siguientes a un ejecutivo concreto, al que responsabilizó de su aplicación. Por ejemplo, como la división se había dedicado a bajar los precios de los productos sin aumentar el volumen, una solución evidente era subirlos, pero el anterior vicepresidente de ventas había vacilado y había dejado que la situación se quedara estancada. La nueva vicepresidenta de ventas recibió entonces el encargo de ajustar la estrategia de precios para solucionar el problema.

A lo largo de los siguientes meses el talante de Joan fue sobre todo autoritario. Articulaba constantemente la nueva visión del grupo de un modo que recordaba a cada uno de los miembros por qué era crucial su papel para alcanzar aquellos objetivos. Además, también le pareció, sobre todo durante las primeras semanas de aplicación del plan, que la urgencia de la crisis justificaba alguna que otra incursión en el estilo coercitivo cuando alguien no cumplía con su responsabilidad. «Tuve que mostrarme descarnada en aquel seguimiento —recordaba— y asegurarme de que las cosas avanzaban. Hacía falta disciplina y concentración.»

¿Los resultados? Mejoraron todos los aspectos del clima laboral. Sus subordinados se mostraban innovadores, hablaban del rumbo que había tomado la división y se jactaban de su compromiso con la consecución de objetivos nuevos y claros. La prueba definitiva del estilo de liderazgo flexible de Joan la dan los números: transcurridos apenas siete meses su división ya superaba los objetivos de beneficios anuales en cinco millones de dólares.

AMPLIAR EL REPERTORIO

Por descontado, pocos líderes cuentan con los seis estilos en su repertorio y menos aún saben cuándo y cómo aplicarlos. En realidad, cuando se han ido mostrando estos resultados a líderes de muchas organizaciones distintas las respuestas más habituales han sido: «¡Pero si yo solo utilizo dos!» y «No puedo emplear todos esos estilos. No sería natural».

Esas impresiones son comprensibles y en algunos casos el antídoto es relativamente sencillo. El líder puede crear un equipo con miembros que apliquen los estilos que él no tiene por la mano. Pongamos el ejemplo de una vicepresidenta de manufacturación que dirigía con éxito un sistema internacional de fábricas empleando sobre todo el estilo conciliador. Viajaba constantemente, se reunía con directores de planta, estaba pendiente de sus problemas y les dejaba clara su vinculación personal con ellos.

Había dejado la estrategia de la división (eficacia absoluta) en manos de un colaborador de confianza con un buen dominio de la tecnología y delegó el establecimiento de niveles de rendimiento en una colega a la que se le daba bien el planteamiento autoritario. También contaba dentro del equipo con un colaborador ejemplarizante que siempre visitaba las fábricas con ella.

Otra posibilidad, que yo recomendaría más, es que los líderes amplíen su repertorio. Para ello primero deben entender en qué competencias de la inteligencia emocional se basan los estilos de liderazgo que no aplican. A continuación pueden trabajar diligentemente para mejorar su coeficiente de cada una. Por ejemplo, un líder conciliador destaca en tres competencias de la inteligencia emocional: la empatía, el establecimiento de relaciones y la comunicación. La empatía (darse cuenta de lo que sienten los demás en un momento determinado) le permite responder a los trabajadores de forma muy congruente con las emociones que percibe en ellos, con lo que puede mejorar la compenetración. Ese tipo de líder también demuestra una facilidad natural para entablar nuevas relaciones, para llegar a conocer a alguien como persona y cultivar un vínculo.

Por último, un buen líder conciliador domina el arte de la comunicación interpersonal, en concreto sabe decir lo que conviene o hacer el gesto simbólico adecuado en el momento preciso. Así pues, si es usted un líder ejemplarizante que quiere tener la posibilidad de emplear el estilo conciliador con más frecuencia, debe mejorar su nivel de empatía y, quizá, la capacidad de establecer relaciones y comunicarse de forma eficaz.

Otro ejemplo podría ser el de un líder ejemplarizante que desee añadir el estilo democrático a su repertorio: debería trabajar las habilidades de colaboración y comunicación.

Hora a hora, día a día, semana a semana, los ejecutivos deben recurrir a los distintos estilos de liderazgo como si fueran palos de golf y emplear el más adecuado en el momento indicado y en la medida conveniente. La recompensa está en los resultados.

Los estilos del liderazgo

ESTILO DE LIDERAZGO	RESONANCIA	EFECTO SOBRE EL CLIMA LABORAL	MOMENTO DE APLICACIÓN ADECUADO
VISIONARIO (O AUTORITARIO)	HACE AVANZAR A LA GENTE HACIA LOS SUEÑOS COMPARTIDOS	TREMENDAMENTE POSITIVO	CUANDO EL CAMBIO REQUIERE UNA NUEVA VISIÓN O CUANDO HACE FALTA UN RUMBO CLARO
COACH	VINCULA LO QUE QUIERE LA PERSONA CON LOS OBJETIVOS DEL EQUIPO	MUY POSITIVO	CUANDO HAY QUE AYUDAR A UNA PERSONA A CONTRIBUIR CON MAYOR EFICIENCIA AL EQUIPO
CONCILIADOR	CREA ARMONÍA AL CONECTAR A LOS INDIVIDUOS ENTRE SÍ	POSITIVO	CUANDO HAY QUE CORREGIR DESAVENENCIAS EN UN EQUIPO, MOTIVARLO EN MOMENTOS DE ÉXITO O REFORZAR LAS CONEXIONES
DEMOCRÁTICO	VALORA LA APORTACIÓN DE LOS DEMÁS/ CONSIGUE COMPROMISO GRACIAS A LA PARTICIPACIÓN	POSITIVO	PARA CREAR CONSENSO U OBTENER VALIOSAS APORTACIONES DE LOS MIEMBROS DEL EQUIPO
EJEMPLARIZANTE	MARCA OBJETIVOS ESTIMULANTES Y APASIONANTES	A MENUDO MUY NEGATIVO PORQUE NO SE APLICA ADECUADAMENTE	CUANDO HAY QUE OBTENER RESULTADOS DE ALTA CALIDAD DE UN EQUIPO MOTIVADO Y COMPETENTE
DOMINANTE (O COERCITIVO)	ALIVIA LOS MIEDOS AL OFRECER UN RUMBO CLARO EN UNA EMERGENCIA	A MENUDO MUY NEGATIVO PORQUE SE EMPLEA MAL	EN UNA CRISIS, PARA PONER EN MARCHA UN CAMBIO RADICAL

El coeficiente intelectual colectivo

Adaptado de *La inteligencia emocional*

La economía actual depende en gran medida de los llamados *trabajadores del conocimiento*, personas cuya productividad se centra en el aumento del valor de la información, ya sea como analistas de mercado, escritores o programadores informáticos. Peter Drucker, que acuñó el término *trabajador del conocimiento*, señala que se trata de individuos muy especializados cuya productividad depende de que su labor esté coordinada dentro de un equipo organizativo. Ni los escritores son editores ni los programadores informáticos son distribuidores de software. Aunque la gente colabora desde siempre, asegura Drucker, en el caso de los trabajadores del conocimiento «la unidad de trabajo ya no es el individuo, sino el equipo». Por ese motivo, la inteligencia emocional (es decir, las habilidades que ayudan a la gente a funcionar en armonía) se valora cada vez más en el entorno laboral contemporáneo.

La forma más rudimentaria de trabajo en equipo podría ser la reunión, un elemento ineludible de la actividad de cualquier ejecutivo, ya sea en una sala de juntas, mediante una conferencia o en una oficina. La reunión no es más que el ejemplo más evidente, y algo anticuado, de cómo se comparte el trabajo; otros serían las redes informáticas, el correo electrónico, las teleconferencias o los equipos de trabajo. Si el organigrama concreto, que puede explicitarse en un gráfico, constituye el esqueleto de una empresa, esas conexiones humanas conforman su sistema nervioso central.

Cuando la gente se reúne para colaborar, sea en una reunión de planificación ejecutiva o dentro de un equipo que trabaja para crear un producto en común, en un sentido muy real surge un coeficiente intelectual colectivo, es decir, la suma total del talento y la capacidad de todos los participantes. El nivel de ese coeficiente intelectual es el que determina lo bien que cumplen su cometido. Resulta que el elemento más importante de la inteligencia colectiva no es el promedio de coeficientes intelectuales en el sentido académico, sino más bien la inteligencia emocional. La clave para alcanzar un alto coeficiente intelectual colectivo es la armonía social. Es esa capacidad de armonización la que provoca que, a pesar de coincidir todos los demás factores, un grupo destaque en habilidad, productividad y éxito mientras otro con miembros igual de competentes y capaces en otros sentidos obtiene malos resultados.

Debemos la idea de la inteligencia colectiva a Robert Sternberg, psicólogo de Yale, y a Wendy Williams, antigua alumna suya, que llevaron a cabo un estudio para descubrir por qué algunos grupos son mucho más eficientes que otros.[8] Al fin y al cabo, cuando determinados individuos se reúnen para colaborar cada uno aporta algo distinto; por ejemplo, soltura al hablar, creatividad, empatía o conocimientos técnicos. Aunque un grupo no puede ser «más inteligente» que la suma total de sus partes, sí puede resultar mucho más tonto si su dinámica interna no permite que la gente ponga en práctica su capacidad.

Esa máxima se hizo evidente cuando Sternberg y Williams reunieron a distintas personas para que conformaran grupos a los que se asignó el desafío creativo de idear una campaña publicitaria con gancho para un edulcorante ficticio que se presentaba como un prometedor sustituto del azúcar.

Nos sorprendió descubrir que quienes tenían demasiadas ganas de participar fueron un lastre para el grupo y redujeron su rendimiento general. Esos individuos tan entusiastas eran excesivamente controladores y dominantes, y al parecer carecían de un elemento básico de la inteligencia social, la capacidad de reconocer lo que es adecuado y lo que no en un tira y afloja. Otro punto negativo fueron los pesos muertos, los individuos que no participaban.

El factor más importante para sacar el máximo partido al potencial de un grupo resultó ser su capacidad de crear un estado de armonía interna que les permitiera servirse de todas las aptitudes de sus miembros. El rendimiento global de los grupos armoniosos mejoraba cuando existía un miembro especialmente competente, mientras que a los equipos con más fricciones les costaba mucho más explotar la existencia de miembros muy preparados. Cuando existen muchas interferencias emocionales y sociales (sea por miedo o por ira, por rivalidades o por resentimientos) la gente no puede dar lo mejor de sí. Sin embargo, la armonía permite a un grupo aprovechar al máximo las capacidades de sus miembros más creativos y competentes.

Aunque la moraleja de esta historia queda muy clara para los equipos de trabajo, por ejemplo, tiene implicaciones más generales para cualquiera que se desenvuelva dentro de una empresa. Muchas de las cosas que hace la gente en el trabajo dependen de su capacidad de recurrir a una red flexible de compañeros; las distintas tareas pueden requerir la asistencia de distintos colegas de la red. De hecho, ahí surge la oportunidad de formar grupos para fines específicos, compuestos especialmente para recoger el abanico más adecuado de las aptitudes, la pericia y la ubicación de cada uno. Saber aprovechar una red (en la práctica, convertirla en un equipo temporal para fines específicos) es un factor decisivo del éxito laboral.

Veamos, por ejemplo, un estudio clásico sobre trabajadores estrella de los laboratorios Bell, el centro de investigación científica situado cerca de Princeton y fundado por la antigua AT&T cuando todavía era un monopolio telefónico. En esos centros trabajan ingenieros y científicos que dan las máximas puntuaciones en las pruebas de coeficiente intelectual académico. Sin embargo, de entre ellos algunos acaban siendo estrellas y otros solo consiguen resultados mediocres. Lo que distingue a las estrellas de los demás no es el coeficiente intelectual académico, sino el emocional. Son individuos más preparados para motivarse y para convertir sus redes informales en equipos para fines específicos.

Se estudió a las estrellas de una división concreta del centro que diseña y crea los conmutadores electrónicos que controlan los sistemas telefónicos, piezas de ingeniería electrónica sumamente complejas.[9] Por ser una tarea que escapa a la capacidad de una sola persona, la realizan equipos que pueden tener desde unos cinco ingenieros hasta ciento cincuenta. Ninguno de ellos sabe lo bastante para hacer el trabajo en solitario; para conseguir resultados hay que recurrir a los demás. Con el fin de descubrir en qué se diferenciaban los que eran sumamente productivos y los que no superaban la media, Robert Kelley y Janet Caplan pidieron a los directivos y a los colegas de los interesados que eligieran a las estrellas del grupo de ingenieros, que debían ser entre un diez y un quince por ciento del total.

Al comparar a los seleccionados con los demás, el dato más sorprendente fue, en un principio, la escasez de diferencias entre los dos grupos. «Teniendo en cuenta un amplio abanico de mediciones cognitivas y sociales, desde pruebas de coeficiente intelectual comunes y corrientes hasta inventarios de personalidad, existen pocas diferencias relevantes en cuanto a capacidades innatas —escribieron Kelley y Caplan en *Harvard Business Review*—. El desarrollo de la aptitud académica no se ha demostrado un buen indicador de la productividad laboral.» El coeficiente intelectual, tampoco.

No obstante, después de distintas entrevistas en profundidad se descubrieron las diferencias decisivas en las estrategias internas e interpersonales que empleaban las estrellas para hacer su trabajo. Una de las más importantes resultó ser la compenetración con una red de individuos clave. A las personas que destacan les salen las cosas mejor porque dedican tiempo a cultivar buenas relaciones con gente cuyos servicios podrían resultar necesarios en un momento decisivo, dentro de un equipo para fines específicos instantáneo, a la hora de resolver un problema o gestionar una crisis.

«Un trabajador de nivel medio de los laboratorios Bell contó que se había quedado atascado con un problema técnico —recordaban Kelley y Caplan—, de modo que se dedicó a llamar concienzudamente a toda una serie de expertos y luego se quedó a la espera, con lo que perdió un tiempo precioso: ya no le devolvían las llamadas ni le contestaban los correos electrónicos. En cambio, los trabajadores estrella pocas veces se encuentran en situaciones así, porque se esfuerzan en construir redes fiables antes de llegar a necesitarlas. Cuando llaman a alguien para pedir consejo, las estrellas casi siempre consiguen una respuesta más deprisa.»

Las redes informales son especialmente decisivas para resolver problemas imprevistos. «La organización formal está concebida para afrontar problemas que pueden preverse con facilidad —afirma un estudio de estas redes—, pero cuando surgen obstáculos inesperados la que entra en juego es la informal. Su complejo entramado de vínculos sociales va formándose cada vez que se comunican los colegas y se solidifica con el tiempo para dar lugar a redes sorprendentemente estables. Las redes informales y sumamente flexibles funcionan diagonal y elípticamente y se saltan escalones del organigrama para conseguir resultados.»[10]

El análisis de las redes informales indica que la gente puede trabajar mano a mano todos los días y no por eso tener la suficiente familiaridad para comunicarse información confidencial (por ejemplo, el deseo de cambiar de trabajo o el resentimiento ante la conducta de un jefe o un compañero) o para pedirse ayuda en un momento de crisis. De hecho, un análisis más en profundidad de las redes informales muestra que existen como mínimo tres variedades: las de comunicación (quién habla con quién), las de pericia (en función de las personas a las que se solicita asistencia) y las de confianza.

Ser un componente principal de una red de pericia supone tener fama de trabajar con un excelente nivel técnico, lo que suele conducir a un ascenso, pero en realidad no hay casi ninguna relación entre ser un experto y ser considerado una persona a la que los demás pueden confiar sus secretos, dudas y vulnerabilidades. Un déspota de oficina o un microgestor mezquino tendrán mucha pericia, pero sufrirán una falta de confianza tan grande que afectará a su capacidad de gestión y en la práctica no accederán a las redes informales. Las estrellas de una organización son con frecuencia quienes mantienen fuertes conexiones en todas las redes, sean de comunicación, de pericia o de confianza.

Aparte del dominio de esas redes esenciales, las estrellas de los laboratorios Bell habían demostrado otras competencias laborales, como una coordinación eficaz de sus esfuerzos en el trabajo de equipo, liderazgo en la creación de consenso, disposición a ponerse en la piel de los demás (por ejemplo, los clientes o los compañeros de un equipo), capacidad de persuasión y fomento de la cooperación eludiendo los conflictos. Todo eso se basa en las capacidades sociales, pero las estrellas mostraban también una habilidad de otro tipo: tomar la iniciativa (tener la suficiente motivación para asumir responsabilidades que rebasen las funciones marcadas por su cargo) y aplicar la autogestión en el sentido de organizar bien el tiempo y los compromisos laborales. Todas esas capacidades pertenecen, por descontado, al ámbito de la inteligencia emocional.

Existen claros indicios de que lo constatado en los laboratorios Bell anuncia el futuro de toda vida laboral, en la que las habilidades básicas de la inteligencia emocional serán cada vez más importantes, en el trabajo en equipo, en la cooperación y en el descubrimiento de cómo colaborar con mayor eficiencia. Los servicios basados en el conocimiento y el capital intelectual son cruciales para las empresas, y mejorar el trabajo en equipo es una forma importantísima de fomentar el capital intelectual, lo que supone una diferencia competitiva decisiva. Para prosperar, cuando no para sobrevivir, lo que deberían hacer las corporaciones es fomentar la inteligencia emocional colectiva.

El liderazgo esencial

Adaptado de *El líder resonante crea más*

Los grandes líderes nos hacen avanzar. Encienden la pasión y despiertan lo mejor que llevamos dentro. Cuando tratamos de explicar por qué dan tan buenos resultados hablamos de estrategia, visión o ideas con garra, pero la realidad es mucho más sencilla: el buen liderazgo se sirve de las emociones.

Da igual lo que pretendan hacer los líderes (ya sea crear una estrategia o movilizar a un equipo para que entre en acción), su éxito depende de cómo lo hagan. Aunque acierten en todo lo demás, si fracasan en la tarea esencial de orientar las emociones en la dirección adecuada nada de lo que hagan funcionará tan bien como podría o como debería.

Analicemos, por ejemplo, un momento decisivo en una división informativa de la BBC, el gigante mediático británico. Se había creado a modo de experimento y, aunque los aproximadamente doscientos periodistas y editores que trabajaban en ella consideraban que habían dado lo mejor de sí, la dirección había decidido cerrarla.

No fue buena idea que el ejecutivo que reunió a los trabajadores para darles la noticia empezara contando maravillas de los resultados de la competencia y mencionara que acababa de volver de un viaje estupendo a Cannes. El cierre de por sí ya fue un mazazo, pero la actitud brusca y provocadora del ejecutivo suscitó algo más que la frustración que habría sido previsible. Los trabajadores se pusieron furiosos, no solo por la decisión de la dirección, sino también por el comportamiento de quien les había dado la noticia. La atmósfera se enrareció tanto que incluso se planteó la posibilidad de que hubiera que llamar a los guardias de seguridad para que el ejecutivo pudiera salir sano y salvo.

Al día siguiente otro directivo visitó a los mismos empleados, pero adoptó una actitud muy distinta. Habló de corazón de la importancia decisiva del periodismo para la vitalidad de la sociedad y de la llamada que en su día los había llevado a todos a ejercer ese oficio. Les recordó que nadie se dedica al periodismo para hacerse rico, ya que como profesión siempre ha movido cantidades reducidas y la estabilidad laboral suele estar a expensas de los altibajos económicos. También hizo un llamamiento a la pasión, a la entrega de los periodistas al servicio que ofrecen. Por último, les deseó lo mejor a todos en su futuro profesional.

Cuando acabó su intervención, los asistentes aplaudieron.

La diferencia entre un líder y otro reside en el estado de ánimo y el tono con los que comunicaron sus mensajes: uno provocó antagonismo y hostilidad en el grupo y el otro, optimismo, estímulo incluso, ante las dificultades. Esos dos ejemplos reflejan una dimensión oculta pero decisiva del liderazgo: la repercusión emocional de lo que dice y hace un líder.

Aunque casi todo el mundo tiene claro que el estado de ánimo de un líder (y su influencia en el de los demás) desempeña un papel destacado en cualquier organización, con frecuencia las emociones se consideran algo demasiado personal o incuantificable para analizarlo de forma significativa. Sin embargo, las investigaciones en ese campo han aportado interesantes descubrimientos no solo sobre la forma de medir el efecto de las emociones de un líder, sino también sobre cómo han encontrado los mejores líderes sistemas eficaces para comprender y mejorar la gestión de sus propias emociones y de las de los demás. Los mejores líderes se distinguen porque comprenden el papel protagonista de las emociones en el entorno laboral, no solo en cosas concretas como la obtención de mejores resultados o la conservación de los buenos trabajadores, sino también en otras importantísimas e inconcretas, como un buen nivel de moral, motivación y compromiso.

LA DIMENSIÓN ESENCIAL

Esa tarea emocional de los líderes es esencial en dos sentidos, pues es el acto original y al mismo tiempo más importante de su función: siempre han desempeñado un papel emocional primordial. No cabe duda de que los primeros cabecillas de la humanidad (ya fueran jefes tribales o chamanes) consiguieron el puesto en gran medida porque su mando tenía fuerza emocional. A lo largo de la historia y en culturas de todo el mundo, el líder de cualquier grupo humano ha sido aquel al que recurrían los demás en busca de seguridad y claridad ante la incertidumbre o la amenaza, o cuando había que hacer algo. El líder hace las veces de guía emocional del grupo.

En las empresas modernas, esa tarea emocional primordial, que se ha vuelto en gran parte invisible, sigue siendo la función principal de las muchas que ejerce el jefe: tiene que encauzar las emociones colectivas en una dirección positiva y disipar la confusión provocada por las emociones tóxicas. Esa labor es común a todos los líderes, desde la sala de juntas hasta el punto de venta.

En pocas palabras, en cualquier grupo humano lidera quien más poder tiene para influir en las emociones de todos los miembros. Si las dirige hacia el terreno del entusiasmo, el rendimiento puede ponerse por las nubes; si la gente se ve empujada hacia el rencor y la preocupación, perderá el norte. Con eso se apunta otro aspecto importante del liderazgo esencial: sus efectos van más allá de garantizar que se haga bien un trabajo. Los subordinados también buscan en él una conexión de apoyo emocional, es decir, empatía. Todo mandato comprende esa dimensión esencial, para bien o para mal. Cuando los jefes encauzan las emociones hacia lo positivo, como sucedió en el caso del segundo ejecutivo de la BBC, sacan a relucir lo mejor de todo el mundo. Llamamos a ese efecto *resonancia*. Cuando las dirigen hacia lo negativo, como el primer ejecutivo, provocan disonancia y socavan los cimientos emocionales que permiten que la gente triunfe. El fracaso o el éxito de una empresa depende en un porcentaje destacable de la eficiencia de los líderes en esa dimensión emocional básica.

Por descontado, la clave para que el liderazgo esencial beneficie a todo el mundo reside en las competencias pertinentes de la inteligencia emocional, en cómo se maneje el individuo en cuestión y en cómo maneje las relaciones. El que saca el máximo partido de las ventajas del liderazgo esencial encauza las emociones de sus subordinados en la dirección adecuada.

¿Cómo funciona todo eso? Los estudios del cerebro revelan los mecanismos neurológicos del liderazgo esencial y dejan bien claro por qué son tan determinantes las capacidades de la inteligencia emocional.

EL CIRCUITO ABIERTO

El motivo de la gran importancia del comportamiento de un líder (no solo lo que hace, sino cómo lo hace) está en el diseño del cerebro humano, en lo que los científicos han empezado a denominar la naturaleza de circuito abierto del sistema límbico, donde están los centros emocionales. Un circuito cerrado, como el aparato circulatorio, se autorregula; lo que sucede en el aparato circulatorio de quienes nos rodean no afecta al nuestro. En cambio, un circuito abierto depende en gran medida de fuentes externas para su funcionamiento.

Dicho de otro modo: nuestra estabilidad emocional depende de conexiones con otras personas. El sistema límbico de circuito abierto fue sin duda un gran paso adelante de la evolución, puesto que permite a un individuo rescatar emocionalmente a otro; por ejemplo, posibilita que una madre tranquilice a un niño que llora, o que el centinela de una banda de primates dé la voz de alarma en cuanto percibe una amenaza.

A pesar del barniz de nuestra civilización avanzada, el principio del circuito abierto sigue vigente. Los estudios llevados a cabo en unidades de cuidados intensivos indican que la presencia reconfortante de otra persona no solo baja la tensión arterial del paciente, sino que también ralentiza la secreción de los ácidos grasos que bloquean las arterias.[11] Y, lo que es más extraordinario, aunque tres o más incidentes de estrés intenso en un mismo año (pongamos por caso un problema económico grave, un despido y un divorcio) triplican la tasa de mortandad en los hombres de mediana edad aislados socialmente, no tienen ninguna repercusión en la tasa de mortandad de los hombres que mantienen muchas relaciones estrechas.[12]

Los científicos describen el circuito abierto como una «regulación límbica interpersonal» mediante la cual una persona transmite señales que pueden alterar los niveles hormonales, la actividad cardiovascular, las pautas de sueño e incluso la función inmunitaria en el cuerpo de otro individuo.[13]

Así es como los enamorados se provocan mutuamente un aumento de la secreción cerebral de oxitocina, que provoca una sensación placentera. Sin embargo, nuestra fisiología interactúa en todos los aspectos de la vida social, no solo en las relaciones amorosas, y nuestras emociones se adaptan automáticamente al registro de la persona con la que nos encontramos.

El hecho de que el sistema límbico sea un circuito abierto supone que otros individuos pueden llegar a cambiar nuestra fisiología y, por consiguiente, nuestras emociones.

Aunque el circuito abierto forma una parte muy importante de nuestra vida, por lo general no somos conscientes del proceso. Los científicos han comprobado esa compenetración de las emociones en el laboratorio midiendo factores fisiológicos de dos personas, como el ritmo cardíaco, mientras mantienen una conversación. Cuando empiezan a hablar, sus cuerpos llevan ritmos distintos, pero al cabo de una sencilla charla de un cuarto de hora sus perfiles fisiológicos se parecen extraordinariamente, un fenómeno conocido como reflejo emocional. Esa sincronía se produce de forma marcada en el círculo vicioso de un conflicto, cuando la ira y el dolor cobran importancia, pero también existe de un modo más sutil durante una interacción agradable.[14] Prácticamente no sucede durante un intercambio neutro desde el punto de vista emocional. Los investigadores han constatado una y otra vez que las emociones se contagian irresistiblemente cuando la gente está cerca, incluso cuando el contacto es exclusivamente no verbal. Por ejemplo, cuando tres desconocidos se sientan en silencio y se miran durante uno o dos minutos el más expresivo emocionalmente transmite su estado de ánimo a los otros dos, sin tener que decir una sola palabra.[15] El mismo efecto se produce en la oficina, la sala de juntas o el punto de venta; la gente que conforma grupos laborales se contagia inevitablemente los sentimientos, desde los celos hasta la angustia pasando por la envidia o la euforia. Cuanto más cohesionado esté el grupo, más intensa será la transmisión de los estados de ánimo, el historial emocional e incluso los puntos candentes.[16]

En setenta equipos de trabajo de distintos sectores, por ejemplo, los miembros que se sentaban a una misma mesa de reuniones acababan compartiendo estados de ánimo, ya fueran buenos o malos, al cabo de dos horas.[17] Los enfermeros e incluso los contables que registraron sus estados de ánimo durante semanas o apenas unas horas mientras trabajaban codo con codo mostraban emociones paralelas, y en líneas generales los estados de ánimo que compartía el grupo no guardaban relación con los problemas a los que se enfrentaban.[18] Los estudios realizados con deportistas profesionales arrojan resultados parecidos: independientemente de los éxitos o los fracasos de un equipo, sus miembros tienden a sincronizar sus estados de ánimo a lo largo de días o semanas.[19]

EL CONTAGIO Y EL LIDERAZGO

La continua interacción de los circuitos abiertos límbicos de los miembros de un grupo crea una especie de sopa emocional a la que cada uno aporta su sabor personal, pero el que proporciona el condimento más fuerte es el líder. ¿Por qué? Por una realidad imperecedera del mundo empresarial: todo el mundo está pendiente del jefe. La gente toma los impulsos emocionales de las alturas. Incluso cuando el jefe no está muy visible (por ejemplo, el director general, que trabaja a puerta cerrada en un piso superior) su actitud determina los estados de ánimo de sus subordinados inmediatos y se produce un efecto dominó en todo el clima emocional de la empresa.[20]

La observación detenida de grupos de trabajo en acción mostró varias formas en las que el líder puede desempeñar ese papel clave en la determinación de las emociones compartidas.[21] Los líderes por lo general hablaban más que ninguna otra persona y se prestaba más atención a lo que decían. Además, generalmente eran los primeros en opinar sobre un asunto, y cuando los demás hacían comentarios se referían mucho más a menudo a lo que había dicho el líder que a las observaciones de otros individuos. Dado que sus opiniones tienen un peso especial, los líderes «gestionan el significado» para el grupo, ofrecen una forma de interpretar una situación determinada y, por consiguiente, de reaccionar emocionalmente ante ella.[22]

No obstante, las repercusiones de las emociones van más allá de lo que diga el líder. En esos estudios se comprobó que incluso cuando los líderes no hablaban los presentes los observaban con más atención que al resto de miembros del grupo. Si alguien planteaba una pregunta para el grupo en su conjunto, miraba al líder para ver su respuesta. De hecho, por regla general los miembros de un grupo suelen considerar que la reacción emocional del líder es la contestación más válida y basan la suya en ella, en especial en una situación ambigua, donde los distintos miembros actúan de diferente forma. En cierto sentido, el líder marca la pauta emocional.

Los líderes hacen elogios o se los guardan, plantean críticas constructivas o destructivas, ofrecen apoyo o dan la espalda a las necesidades de los demás. Pueden formular la misión del grupo de un modo que dé más sentido a la contribución de cada uno o no molestarse. Pueden dirigir pensando en aportar claridad y orientación a sus subordinados, fomentando su flexibilidad, dándoles la libertad de razonar cuál es la mejor manera de hacer un trabajo. Todas esas actuaciones contribuyen a determinar el efecto emocional esencial de un líder.

Sin embargo, no todos los líderes «oficiales» de un grupo son necesariamente los líderes emocionales. Cuando el líder nombrado carece de credibilidad por algún motivo, es posible que la gente busque orientación emocional en otra persona en que confíe y a la que respete. Ese líder de facto pasa a ser quien da forma a las reacciones emocionales de los demás. Por ejemplo, un conocido grupo de jazz bautizado con el nombre de su líder formal y fundador en realidad recibía indicaciones emocionales de otro de los músicos. El fundador siguió encargándose de la contratación y la logística, pero para decidir qué canción había que tocar a continuación o cómo había que ajustar el equipo de sonido todas las miradas se dirigían al miembro dominante, al líder emocional.[23]

Sea quien sea el líder emocional, es probable que tenga facilidad para actuar de polo de atracción límbica y para ejercer una fuerza palpable en el cerebro emocional de quienes lo rodean. Si vemos trabajar a un actor de talento, por ejemplo, nos daremos cuenta de la facilidad con la que atrae al público a su órbita emocional. Da igual que transmita la agonía de una traición o un triunfo alborozado, los espectadores lo sienten con él.

LA RISA Y EL CIRCUITO ABIERTO

Las emociones pueden contagiarse como un virus, pero no todas se propagan con la misma facilidad. Un estudio de la Escuela de Dirección de Empresas de la Universidad de Yale descubrió que en los grupos de trabajo la alegría y la cordialidad son lo que se transmite con más rapidez, mientras que la irritabilidad es menos contagiosa y la depresión prácticamente no se propaga.[24] La mayor velocidad de transmisión de los estados de ánimo positivos tiene consecuencias directas en los resultados empresariales. Según el estudio de Yale, el ánimo influye en la eficiencia de los trabajadores; si es positivo fomenta la cooperación, la imparcialidad y el rendimiento laboral.

En concreto, la risa es un buen ejemplo de la fuerza del circuito abierto y, por extensión, de la naturaleza contagiosa de todas las emociones. Al oír una carcajada nos ponemos automáticamente a sonreír o a reír, con lo que se crea una reacción en cadena que se extiende por todo un grupo. La alegría se transmite con tanta facilidad porque en el cerebro hay circuitos abiertos que están destinados específicamente a detectar sonrisas y risas y que nos hacen reír a modo de respuesta. El resultado en un secuestro emocional positivo.

De todas las señales emocionales, la sonrisa es la más contagiosa; tiene la capacidad casi irresistible de hacer sonreír a los demás a modo de respuesta.[25] La sonrisa podría ser tan potente por el papel beneficioso que desempeñó en la evolución: los científicos plantean la posibilidad de que, junto con la risa, evolucionara como forma no verbal de cimentar alianzas, como señal de que el individuo se mostraba tranquilo y cordial, y no en guardia u hostil.

La carcajada es una marca excepcionalmente fiable de esa cordialidad. A diferencia de otras señales emocionales (en especial la sonrisa, que puede fingirse), la risa implica sistemas nerviosos de enorme complejidad que son en gran medida involuntarios: es más difícil de simular.[26] Así pues, es fácil que el radar emocional no detecte una sonrisa falsa, pero si una risa es forzada se nota.

En un sentido neurológico, la risa representa la distancia más corta entre dos personas, ya que provoca la conjunción instantánea de sus sistemas límbicos. Esa reacción inmediata e involuntaria supone, como señala un investigador, «la comunicación más directa posible entre individuos, de cerebro a cerebro, en la que el intelecto se deja llevar por lo que podríamos denominar un *encaje límbico*».[27] No es sorprendente, pues, que la gente que disfruta de la compañía mutua se ría con facilidad y a menudo; los que no se caen bien o se tienen desconfianza, o estén enemistados por algún motivo, pocas veces o ninguna reirán juntos.

Por ello, en cualquier entorno laboral las risas son un termómetro de la temperatura emocional e indican a ciencia cierta que la gente tiene una conexión de corazón además de mental. Además, la risa en el trabajo tiene poco que ver con que alguien cuente un chiste oído por ahí: en un estudio de mil doscientos ataques de risa producidos en interacciones sociales el motivo resultó ser casi siempre una respuesta cordial a algún comentario corriente, como «encantado de conocerte», no a una broma.[28] Una buena carcajada transmite un mensaje tranquilizador: estamos en la misma onda, nos llevamos bien. Indica confianza, comodidad y una misma visión del mundo; como marca de ritmo en la conversación, la risa denota que por el momento todo va bien.

La rapidez con la que captamos los estados emocionales de un líder depende de la expresividad con la que su cara, voz y gestos reflejen sus sentimientos. Cuanto mejor sepa transmitir sus emociones, más enérgicamente las propagará. Esa transmisión no depende de recursos teatrales, por descontado; dado que la gente presta mucha atención a un líder, hasta las expresiones sutiles de emoción pueden tener un gran efecto. De todos modos, cuanto más abierto sea el líder (cuanto mejor exprese su entusiasmo, por ejemplo) más fácilmente sentirán los demás su misma pasión contagiosa.

Los individuos con esa capacidad son imanes emocionales: atraen a la gente de forma natural. Si pensamos en los líderes con los que la gente tenga más interés por trabajar en una organización, es probable que manifiesten facilidad para rezumar sentimientos optimistas. Es uno de los motivos por el que los líderes con dominio de la inteligencia emocional atraen a la gente competente, que se mueve por el placer de trabajar en su presencia. A la inversa, los líderes que emiten el registro negativo (son irritables, susceptibles, dominantes, fríos) repelen a la gente. Nadie quiere estar a las órdenes de un cascarrabias. Las investigaciones lo han demostrado: a los jefes optimistas y entusiastas se les da mejor conservar a sus trabajadores, en contraste con los que se inclinan hacia los estados de ánimo negativos.[29]

Profundicemos ahora en las repercusiones del liderazgo esencial y analicemos hasta qué punto las emociones determinan la eficiencia laboral.

CÓMO AFECTA EL ESTADO DE ÁNIMO A LOS RESULTADOS

Las emociones son sumamente intensas, pasajeras y en ocasiones perjudiciales para el trabajo; los estados de ánimo suelen ser sentimientos menos intensos y más duraderos que por lo general no interfieren en la actividad laboral. Y un episodio emocional tiene con frecuencia su posterior estado de ánimo correspondiente: un flujo continuo de sentimientos que persiste en todo un grupo.

Aunque las emociones y los estados de ánimo pueden parecer banales desde un punto de vista empresarial, tienen claras consecuencias en la consecución del trabajo. Una leve preocupación de un líder puede servir de indicativo de que algo requiere más atención y un análisis en profundidad. Por otro lado, un estado de ánimo sereno puede ser de enorme ayuda al afrontar una situación arriesgada, y un exceso de optimismo puede llevar a pasar peligros por alto.[30] Un ataque repentino de ira puede dirigir la atención de un líder hacia un problema urgente (por ejemplo, la revelación de que un alto ejecutivo está implicado en un caso de acoso sexual) y con ello redirigir sus energías del círculo habitual de preocupaciones a la búsqueda de una solución, que podría ser mejorar los esfuerzos de la empresa para poner fin al acoso.[31]

Aunque una relativa preocupación (por ejemplo, por una entrega que se acerca) puede servir para centrar la atención y la energía, la angustia prolongada puede dar al traste con las relaciones de un líder y también entorpecer el rendimiento laboral al disminuir la capacidad cerebral de procesar la información y responder eficazmente. Por otro lado, unas risas o un estado de ánimo optimista con frecuencia mejoran las capacidades nerviosas cruciales para hacer bien el trabajo.

Tanto el buen humor como el malo tienden a perpetuarse, en parte porque tergiversan las percepciones y los recuerdos: cuando la gente está animada, ve el lado positivo de una situación y recuerda sus cosas buenas, pero cuando está descorazonada se fija solo en lo negativo.[32] Más allá de ese sesgo perceptual, el cóctel de hormonas del estrés segregadas cuando una persona está nerviosa tarda horas en reabsorberse y desaparecer. Por eso la mala relación con el jefe puede dejar a una persona cautiva de la angustia, con la cabeza intranquila y el cuerpo incapaz de relajarse: «Me puso tan nerviosa en la reunión que anoche tardé horas en dormirme.» En consecuencia, preferimos de forma natural estar con personas positivas emocionalmente, en parte porque nos hacen sentir bien.

EL SECUESTRO EMOCIONAL

Las emociones negativas (en especial la ira crónica, la ansiedad o la sensación de incompetencia) perjudican mucho la actividad laboral y secuestran la atención que debería estar centrada en el trabajo. Por ejemplo, en un estudio de Yale sobre los estados de ánimo y su contagio, el rendimiento de los grupos que tomaban decisiones ejecutivas sobre la mejor forma de distribuir las primas anuales mejoró sensiblemente gracias a los sentimientos positivos y decayó debido a los negativos. Es interesante mencionar que los implicados no se percataron de las repercusiones de su estado de ánimo.[33]

De todas las interacciones que provocaban estados de ánimo negativos entre los trabajadores de una cadena hotelera internacional, la más frecuente era hablar con algún superior. El trato con los jefes engendraba frustración, desilusión, ira, tristeza, indignación o sufrimiento aproximadamente nueve de cada diez veces. Esas interacciones eran motivo de angustia con más frecuencia que los clientes, la presión laboral, la normativa de la empresa o los problemas personales.[34] No es que los líderes tengan que ser demasiado simpáticos; el arte emocional del liderazgo implica insistir en la realidad de las exigencias laborales sin contrariar excesivamente a los demás. Una de las leyes más antiguas de la psicología dice que, por encima de un nivel moderado, un aumento de la ansiedad y la preocupación limita la capacidad mental. La angustia no solo tiene esa consecuencia, sino que también perjudica a la inteligencia emocional. La persona que está alterada presenta dificultades para entender bien las emociones de los demás; es decir, se reduce la aptitud más elemental para la empatía y, en consecuencia, merman las capacidades sociales.[35]

Otra consideración es que, según nuevos descubrimientos sobre la satisfacción laboral, las emociones que se sienten en el trabajo reflejan directamente la verdadera calidad de la vida profesional.[36] El porcentaje de tiempo en que se tienen emociones positivas a lo largo de la jornada resulta ser uno de los indicadores más claros de su satisfacción y, por consiguiente, de factores como la posibilidad de que el empleado se despida.[37] En ese sentido, los líderes que transmiten estados de ánimo negativos son, sencillamente, perjudiciales para la empresa, mientras que los que contagian buen humor contribuyen a su éxito.

BUEN HUMOR, BUEN TRABAJO

Cuando la gente está a gusto es cuando mejor trabaja. El buen humor favorece la eficiencia mental y permite que la gente sea más competente en la comprensión de la información y en la aplicación de reglas a la toma de decisiones complejas, así como más flexible en la forma de pensar.[38] Las investigaciones han demostrado que los estados de ánimo positivos dan lugar a una percepción más favorable de los demás o de los hechos. Eso contribuye, a su vez, a que la gente se sienta más optimista sobre su capacidad para alcanzar un objetivo, fomenta la creatividad y la capacidad de tomar decisiones, y predispone a la gente a ayudar.[39] Por ejemplo, los agentes de seguros que ven el vaso medio lleno funcionan mucho mejor que sus colegas pesimistas a la hora de persistir a pesar de los rechazos, de modo que cierran más ventas.[40] Asimismo, un estudio sobre el sentido del humor en el trabajo revela que un chiste o una risa alegre en el momento oportuno pueden estimular la creatividad, abrir canales de comunicación, fomentar la sensación de conexión y de confianza y, por descontado, hacer más divertido el trabajo.[41] Una broma en el tono adecuado incrementa las posibilidades de que haya concesiones durante una negociación. No es de extrañar que el sentido del humor ocupe un lugar destacado entre las aptitudes de los líderes con inteligencia emocional.

El buen humor resulta de especial importancia en el caso de los equipos: la capacidad de un líder para inducir un estado de ánimo entusiasta y cooperativo en un equipo puede determinar su éxito. Por otro lado, cuando los conflictos emocionales de un grupo se llevan la atención y la energía de las labores que comparten, el rendimiento se resiente.

Pongamos como ejemplo los resultados de un estudio sobre sesenta y dos directores generales y sus principales equipos de gestión.[42] Algunos de los ejecutivos estaban en la lista Fortune 500 y también dirigían grandes empresas de servicios estadounidenses (por ejemplo, consultorías o firmas contables), organizaciones no gubernamentales y organismos públicos. Se analizaron sus niveles de optimismo (energía, entusiasmo, determinación) y los de sus equipos de gestión. También se les preguntó qué nivel de conflicto y disputa existía en las altas esferas, es decir, si había choques de personalidad, ira y fricción en las reuniones, así como enfrentamientos emocionales (no simples desacuerdos sobre ideas).

El estudio comprobó que cuanto más positivo era el estado de ánimo general del equipo directivo mayor era la cooperación y mejores los resultados de la empresa. En otras palabras: cuanto más tiempo pasaba la compañía en manos de un equipo de gestión que no se llevaba bien más se resentían sus beneficios.

Por consiguiente, el coeficiente intelectual colectivo (suma total de las mejores aptitudes de los miembros de un grupo, en su máximo grado) depende de la inteligencia emocional, como se refleja en su armonía. Un líder con dotes para la colaboración puede mantener alta la cooperación y garantizar así que las decisiones del grupo hagan que valga la pena el esfuerzo de la reunión. Esos jefes saben equilibrar la atención del equipo para que se centre tanto en el trabajo que lo ocupa como en la calidad de las relaciones entre sus miembros. Así se crea de forma natural un clima cordial pero eficiente que levanta el ánimo a todo el mundo.

CÓMO CUANTIFICAR EL AMBIENTE DE UNA EMPRESA

La mayoría de la gente tiene ya la idea de que si un trabajador está de buen humor es más probable que haga un esfuerzo adicional para satisfacer al cliente y con ello incremente los resultados, pero en realidad existe un logaritmo que predice esa relación: por cada uno por ciento de mejora del clima de servicio aumentan un dos por ciento los ingresos.[43]

Benjamin Schneider, catedrático de la Universidad de Maryland, comprobó en entornos tan distintos como sucursales bancarias, delegaciones regionales de aseguradoras, centros de atención telefónica de tarjetas de crédito y hospitales que la valoración que hacían los empleados del clima de servicio era un claro indicador de la satisfacción de los clientes, lo que estaba ligado al aumento de los resultados económicos. Del mismo modo, una moral pesimista en un momento concreto entre los empleados que atendían directamente a los clientes era indicativa de que en un período de hasta tres años se producirían muchos cambios de personal y descendería la satisfacción de los clientes, lo que, a su vez, produciría un descenso de los ingresos.[44]

De todos los aspectos de la actividad empresarial, una buena atención al cliente (la clave de cualquier servicio comercial) es quizá lo más sensible al contagio del estado de ánimo, y por lo tanto al funcionamiento del cerebro como un circuito abierto. Es sabido que en el trabajo de cara al cliente hay mucho estrés y las emociones campan a sus anchas, no solo las de los clientes a los empleados sino también en dirección contraria. Por descontado, desde un punto de vista empresarial el mal humor en las personas que atienden al público es un problema. En primer lugar, la falta de educación se contagia, con lo que los clientes se quedan insatisfechos e incluso se enfadan, sin que importe demasiado si el servicio en concreto se les ha ofrecido correctamente o no. En segundo lugar, los trabajadores antipáticos atienden mal a los clientes, con consecuencias en algunos casos demoledoras: las unidades de asistencia cardíaca en las que el estado de ánimo general de los enfermeros era «deprimido» tenían una tasa de mortandad de los pacientes que cuadruplicaba la de unidades equiparables.[45]

En cambio, el buen humor en el trato con el público beneficia a la empresa. Si los clientes están a gusto con la relación con un dependiente, empiezan a considerar que es un placer comprar en esa tienda, lo que significa no solo que volverán más veces, sino que harán buena publicidad. Además, cuando el personal de atención está contento se esfuerza más para satisfacer al cliente: en un estudio de treinta y dos tiendas de una cadena comercial estadounidense, los establecimientos con vendedores entusiastas obtuvieron las mejores ventas.[46]

¿Y qué tiene que ver eso con el liderazgo? En todos esos comercios era el encargado el que creaba el clima emocional que determinaba positivamente el humor de los dependientes (y, en última instancia, las ventas). Cuando los jefes se mostraban animados, seguros de sí mismos y optimistas, los trabajadores se contagiaban de su estado de ánimo. Aparte de las relaciones evidentes entre el clima y las condiciones laborales o el sueldo, los líderes resonantes desempeñan un papel decisivo. En líneas generales, cuanto más exija emocionalmente el trabajo más empático debe ser el líder y más apoyo debe ofrecer. Los líderes marcan el clima de servicio y, por lo tanto, la predisposición de los trabajadores a satisfacer a los clientes. En una aseguradora, por ejemplo, un liderazgo eficiente influyó en el clima de servicio de los agentes con un resultado de un incremento de entre un tres y un cuatro por ciento en la renovación de pólizas, un margen que parece reducido pero que supuso una gran mejoría para la empresa.

Hace mucho tiempo que los consultores empresariales suponen que existe una correlación positiva de algún tipo entre el clima humano de una unidad de negocio y su rendimiento, pero los datos que vinculaban ambas cosas eran escasos, de modo que, en la práctica, los líderes podían olvidarse sin problemas de su estilo personal y sus consecuencias para sus subordinados, y concentrarse en cambio en objetivos empresariales más «duros». Sin embargo, hoy contamos con resultados de toda una serie de sectores en los que se vincula el liderazgo con el clima y el rendimiento, lo que permite cuantificar la amplia repercusión que tiene en los resultados algo tan intangible como el ambiente de una empresa.

Por ejemplo, en una multinacional de la alimentación y las bebidas la existencia de un clima positivo predijo unos mayores beneficios anuales en las principales divisiones. Y en un estudio de diecinueve aseguradoras el clima creado por los directores generales entre sus subordinados anunció el rendimiento de toda la organización: en el setenta y cinco por ciento de los casos, el clima diferenciaba por sí solo a las compañías con beneficios y crecimiento alto o bajo.[47]

El rendimiento no depende únicamente del clima laboral, por descontado. Los factores que indican qué empresas funcionan mejor en un trimestre concreto son de una complejidad bien conocida. Sin embargo, nuestros análisis apuntan a que, en líneas generales, del clima (es decir, de cómo se sienten los trabajadores en la empresa) puede depender entre el veinte y el treinta por ciento del rendimiento. Conseguir lo mejor de la gente tiene claros beneficios.

Si los resultados dependen del clima, ¿de qué depende este? Aproximadamente entre el cincuenta y el setenta por ciento de la percepción que tienen los trabajadores del clima de su empresa puede achacarse a la actuación de una sola persona: el líder. Más que cualquier otro individuo, el jefe crea las condiciones que determinan directamente la capacidad de sus subordinados para trabajar bien.[48]

En resumen: los estados emocionales y los actos del líder afectan claramente a los sentimientos y por ende al rendimiento de los empleados a su cargo. Así, la gestión de sus emociones y del efecto que tienen en las de los demás no es una simple cuestión personal, sino un factor que influye en el éxito de la empresa.

El cerebro social

Adaptado de *El cerebro y la inteligencia emocional:
nuevos descubrimientos*

Influimos de forma constante en el estado cerebral de los demás. Según mi modelo de inteligencia emocional, la gestión de las relaciones quiere decir, en este nivel, que somos responsables de cómo determinamos los sentimientos de las personas con las que interactuamos, para bien o para mal. En ese sentido, la capacidad relacional tiene que ver con la gestión de los estados cerebrales de los demás.

A partir de ahí surge un interrogante: ¿quién envía las emociones que pasan entre las personas y quién las recibe? Una respuesta, para grupos de iguales, es que el emisor suele ser el individuo más expresivo emocionalmente. Sin embargo, cuando existen diferencias de poder (en el aula, en el trabajo, por lo general en cualquier tipo de organización) el emisor emocional es el individuo más poderoso, que marca el estado emocional del resto.

En cualquier grupo de seres humanos se presta el máximo de atención (y se confiere el máximo de importancia) a lo que diga o haga la persona con más poder. Hay muchos estudios que señalan, por ejemplo, que si el líder de un equipo está de buen humor los demás lo reflejan y el optimismo colectivo mejora el rendimiento del conjunto. En cambio, si el líder proyecta mal humor lo propaga del mismo modo y el funcionamiento del grupo se resiente. Eso se ha observado en grupos que tomaban decisiones empresariales, que buscaban soluciones creativas o incluso que montaban una tienda de campaña.

El contagio emocional se produce siempre que la gente interactúa, ya sea en pareja, en grupo o en una organización. Se hace más evidente en un acontecimiento deportivo o una representación teatral, donde la multitud experimenta idénticas emociones al mismo tiempo. El responsable de esa transmisión es nuestro cerebro social, gracias a circuitos como el sistema de neuronas espejo. El contagio emocional de una persona a otra surge automática, instantánea e inconscientemente y escapa a nuestro control.

En el Hospital General de Massachusetts, vinculado a la Facultad de Medicina de Harvard, se hizo un estudio con médicos y pacientes durante una sesión de psicoterapia. La interacción se grabó en vídeo y se controló su fisiología. Posteriormente los pacientes vieron la grabación e identificaron los momentos en los que habían tenido la impresión de que el médico establecía lazos de empatía con ellos y se habían sentido escuchados y comprendidos, compenetrados con él, y los momentos en los que se habían encontrado disgregados y habían pensado: «Mi médico no me entiende, le traigo sin cuidado.» Cuando los pacientes se habían sentido disgregados tampoco se había observado una conexión en su fisiología. No obstante, cuando decían: «Sí, he sentido una verdadera conexión con el médico» sus fisiologías se habían movido conjuntamente, como en un baile. Se había producido, asimismo, una coincidencia fisiológica; el ritmo cardíaco de médico y paciente se había sincronizado.

Ese estudio refleja la fisiología de la compenetración o *rapport*, un estado que se caracteriza por tres ingredientes. El primero es la atención absoluta. Las dos personas tienen que estar completamente pendientes la una de la otra y dejar a un lado las distracciones. El segundo es la sincronía no verbal. Si dos individuos conectan bien realmente y se observa esa interacción sin fijarse en lo que dicen (como quien ve una película sin sonido), se apreciará que sus movimientos están casi coreografiados, como si bailaran. El responsable de orquestar esa sincronía es otro grupo de neuronas, llamadas osciladores, que regulan nuestro movimiento con respecto a otro cuerpo (o a un objeto).

El tercer ingrediente de la compenetración es la positividad. Es una especie de microflujo, de subidón interpersonal; me imagino que un estudio cerebral revelaría actividad en la zona prefrontal izquierda en ambas personas. En esos momentos de química interpersonal, de conexión, es cuando salen mejor las cosas, con independencia de los detalles de lo que estemos haciendo juntos.

En un artículo aparecido en *Harvard Business Review* ese tipo de interacción se denomina «momento humano». ¿Cómo se consigue un momento humano en el trabajo? Tenemos que dejar a un lado todo lo demás y prestar una atención incondicional a la persona con la que estamos. Con eso se abre la puerta de la compenetración, en la que el flujo emocional está en sincronía. Nuestra fisiología refleja la de la otra persona, que nos hace sentir conexión, proximidad y afecto. Podemos analizar ese momento humano en función de la fisiología, pero también desde el punto de vista de la experiencia, puesto que en esos instantes de química nos resulta agradable estar con la otra persona, que a su vez siente lo mismo con respecto a nosotros.

Las condiciones ideales para triunfar

Adaptado de *Inteligencia social*

Pongamos que va usted al trabajo en coche, organizando mentalmente una reunión importante con un compañero y pensando de vez en cuando que debe acordarse de doblar a la izquierda en el semáforo, no a la derecha como de costumbre, para llevar un traje al tinte.

De repente oye la sirena de una ambulancia a su espalda y acelera para apartarse. Nota que se le dispara el corazón.

Trata de volver a la organización de la reunión de esa mañana, pero se le han desordenado las ideas y pierde la concentración, se distrae. Al llegar a la oficina se da cuenta de que se ha olvidado de ir al tinte y se lo reprocha.

El ejemplo anterior no está sacado de un manual de gestión empresarial, sino del principio del artículo «The Biology of Being Frazzled» [La biología de la sobrecarga], publicado en la revista académica *Science*,[49] donde se resumen las consecuencias que tiene en el pensamiento y el rendimiento una leve inquietud, la sobrecarga provocada por los problemas de la vida cotidiana.

La sobrecarga es un estado nervioso en el que la excitación emocional entorpece el funcionamiento del centro ejecutivo del cerebro. Cuando estamos sobrecargados no podemos concentrarnos ni pensar con claridad. Esa verdad neurológica tiene consecuencias directas en la atmósfera emocional tanto en el entorno escolar como en el laboral.

Desde una perspectiva cerebral, un buen rendimiento académico o profesional requiere un mismo estado, unas condiciones cerebrales ideales para alcanzar los mejores resultados. Por sus características biológicas, la ansiedad nos expulsa de esa zona idónea.

«Destierra el miedo» fue un lema empleado por el desaparecido W. Edwards Deming, gurú del control de calidad, que descubrió que el temor paralizaba el entorno laboral: los trabajadores eran reticentes a dar su opinión, a proponer nuevas ideas o a organizarse adecuadamente, y ni se planteaban mejorar la calidad de sus resultados. El mismo lema puede utilizarse en el ámbito académico: el miedo sobrecarga la mente y dificulta el aprendizaje.

La neurología básica de la sobrecarga refleja el mecanismo de emergencia habitual del organismo. Cuando sufrimos estrés se activa el eje hipotalámico-hipofisario-suprarrenal y el cuerpo se prepara para una crisis. Entre otras maniobras biológicas, la amígdala toma el control del córtex prefrontal, el centro ejecutivo del cerebro. Ese traslado del mando a la vía inferior (las zonas subcorticales) favorece los hábitos automáticos, ya que la amígdala se vale de respuestas instintivas para salvarnos. El cerebro pensante queda marginado mientras dura esa situación; la vía superior, el córtex o centro intelectual, reacciona con excesiva lentitud.

Cuando el cerebro cede la toma de decisiones a los circuitos de la amígdala perdemos la capacidad de pensar en las mejores condiciones. Cuanto más intensa sea la presión, más se resentirán el rendimiento y el pensamiento.[50] El auge de la amígdala entorpece nuestra capacidad de aprendizaje, de retención de información en la memoria funcional, de reacción con flexibilidad y creatividad, de concentración a voluntad y de planificación y organización eficaces. Nos sumimos en lo que los neurocientíficos denominan *disfunción cognitiva*.[51]

«La peor época de mi vida profesional —me confesó un amigo— fue cuando la empresa estaba en plena reestructuración y todos los días "desaparecía" gente, a lo que seguía una circular evidentemente falsa en la que se decía que se marchaban "por motivos personales". Nadie lograba concentrarse en aquella atmósfera de miedo. Era imposible trabajar.»

No es de extrañar. Cuanta más ansiedad sentimos más se bloquea la eficiencia cognitiva del cerebro. En esa zona de angustia mental, las distracciones toman el control y menguan los recursos cognitivos. No nos concentramos. Una ansiedad elevada reduce el espacio del que dispone la atención, por lo que se reduce la capacidad de absorber información y por supuesto de generar ideas. Estar al borde del pánico bloquea el aprendizaje y la creatividad.

La vía nerviosa por la que avanza la disforia va de la amígdala al lado derecho del córtex prefrontal. Cuando se activa ese circuito los pensamientos se aferran al detonante de la angustia y, al obsesionarnos con, por ejemplo, las preocupaciones o el resentimiento, la agilidad mental renquea. Del mismo modo, cuando nos ponemos tristes los niveles de actividad del córtex prefrontal disminuyen y generamos menos pensamientos.[52] Los extremos de la ansiedad y la ira por un lado y la tristeza por el otro alejan la actividad cerebral de sus zonas óptimas. El aburrimiento empaña la mente con su propia impronta de ineficiencia: cuando divagamos perdemos concentración y desaparece la motivación. En cualquier reunión que se alarga (como sucede tantas veces) la mirada ausente de los que están atrapados en torno a la mesa delata su distracción. Y todos recordamos días de tedio en nuestra época de estudiantes, cuando nos dedicábamos a mirar las musarañas.

En cambio, según Antonio Damasio, de la Universidad del Sur de California, los momentos de felicidad reflejan «una coordinación fisiológica óptima y un buen funcionamiento de los mecanismos vitales». Damasio, que es uno de los neurocientíficos más importantes del mundo, lleva a cabo desde hace mucho tiempo un trabajo innovador en torno a la vinculación de los descubrimientos científicos sobre el cerebro y la experiencia humana. De acuerdo con este experto, más que una mera ayuda para soportar la rutina diaria, los estados de felicidad nos permiten prosperar, vivir bien y disfrutar de bienestar.

Esos momentos de alegría, señala, abren la puerta de «una mayor capacidad de acción», un incremento de la armonía de nuestro funcionamiento que nos da mayor poder y mayor libertad en todo lo que hacemos. Al estudiar las redes nerviosas que activan las operaciones mentales, el campo de la ciencia cognitiva, afirma Damasio, encuentra condiciones similares que denomina «estados de máxima armonía».

Cuando la mente experimenta esa armonía interna, la agilidad, la eficiencia y la potencia alcanzan su cota superior. Experimentamos esos momentos con una emoción silenciosa. Los estudios realizados a partir de neuroimágenes muestran que cuando la persona se encuentra en esos estados optimistas y estimulantes la zona del cerebro que refleja mayor actividad es el córtex prefrontal, el centro de la vía superior.

El incremento de la actividad prefrontal fomenta capacidades mentales como el pensamiento creativo, la flexibilidad cognitiva y el procesamiento de información.[53] Incluso los médicos, tan defensores de la racionalidad, piensan más claramente cuando están de buen humor. Por ejemplo, los radiólogos trabajan más deprisa y con más precisión tras recibir un regalo que les levante el ánimo, y en sus diagnósticos aparecen más sugerencias útiles para aplicar otros tratamientos, así como más ofrecimientos para hacer otras consultas.[54]

UNA U INVERTIDA

La representación gráfica de la relación entre la habilidad mental (y el rendimiento en general) y el espectro de los estados de ánimo da lugar a una U invertida con los extremos ligeramente abiertos. La alegría, la competencia cognitiva y el rendimiento excepcional se presentan en la cima de la figura, mientras que en uno de los extremos inferiores se sitúa el aburrimiento y en el otro, la ansiedad.

Cuanto mayor llegue a ser la sensación de apatía o angustia, peor funcionaremos, sea en un examen del colegio o en un informe de la oficina.

Salimos del estupor del aburrimiento cuando un desafío despierta nuestro interés, aumenta la motivación y centramos la atención. Se alcanza el pico del rendimiento cognitivo cuando la motivación y la atención llegan al máximo, en el punto donde se cruzan la dificultad de una tarea y nuestra capacidad de responder adecuadamente. En un punto de inflexión un poco más allá de esa cumbre de eficiencia cognitiva los desafíos empiezan a superar nuestra capacidad y se inicia el descenso de la U invertida.

Probamos el pánico cuando nos damos cuenta, por ejemplo, de que hemos perdido demasiado el tiempo en lugar de estudiar o redactar un informe y la situación es catastrófica. A partir de ahí el incremento de la ansiedad merma la eficiencia cognitiva.[55] A medida que aumenta la dificultad de las tareas y el desafío va abrumándonos, la vía inferior se activa progresivamente. El centro ejecutivo se sobrecarga cuando las dificultades superan nuestra capacidad y el cerebro cede las riendas a los centros emocionales. A ese traspaso de poder nervioso se debe la forma del gráfico.

La U invertida representa la relación entre los niveles de estrés y tareas de rendimiento mental como el aprendizaje o la toma de decisiones. El estrés varía en función del desafío; en la parte inferior, una escasa intensidad provoca desinterés y aburrimiento, pero a medida que aumenta el reto se fomentan el interés, la atención y la motivación, que en su nivel óptimo dan lugar al máximo de eficiencia cognitiva y éxito. Si los desafíos siguen aumentando y su-

Las hormonas del estrés y el rendimiento

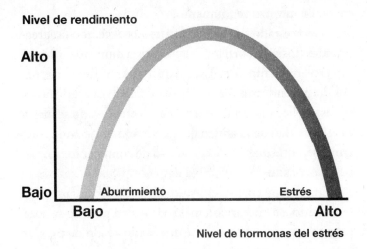

Nivel de rendimiento

Alto

Bajo | Aburrimiento | Estrés

Bajo | **Alto**

Nivel de hormonas del estrés

peran nuestra capacidad se acentúa el estrés, que al llegar al extremo bloquea el rendimiento y el aprendizaje.

El gráfico refleja la repercusión de dos sistemas nerviosos distintos en el aprendizaje y el rendimiento. Ambos entran en acción a medida que el aumento de la atención y la motivación fomenta la actividad de los glucocorticoides; unos niveles adecuados de cortisol nos dan energía para implicarnos.[56] Los estados de ánimo positivos provocan la concentración de cortisol entre baja y moderada que se relaciona con un buen aprendizaje.

No obstante, si el estrés sigue aumentando y supera ese punto óptimo donde la persona aprende y rinde en las mejores condiciones, entra en acción un segundo sistema nervioso que segrega una gran cantidad de noradrenalina, como cuando tenemos mucho miedo.[57] A partir de ese punto (el inicio del descenso hacia el pánico), cuanto más alto llegue el estrés más se resentirán nuestra eficiencia mental y nuestro rendimiento.

En los estados de ansiedad elevada el cerebro segrega grandes dosis de cortisol y de noradrenalina que interfieren en el buen funcionamiento de los mecanismos nerviosos del aprendizaje y la memoria. Cuando esas hormonas del estrés llegan a un nivel especialmente elevado se dispara la actividad de la amígdala y se debilitan las zonas prefrontales, que pierden la capacidad de contener los impulsos provocados por la amígdala.

Como sabe cualquier estudiante que de repente haya empezado a estudiar con más intensidad porque se acercaba el día de un examen, determinado grado de presión fomenta la motivación y la atención. Hasta cierto punto, la atención selectiva se incrementa con la subida de los niveles de presión, por ejemplo debido a la proximidad de una fecha de entrega, a la vigilancia de un profesor o a un encargo difícil. Al prestar más atención, la memoria funcional ofrece una mayor eficiencia cognitiva, con lo que se alcanza la máxima agilidad mental. Sin embargo, en el punto de inflexión que aparece justo después del estado óptimo, cuando los retos empiezan a superar la capacidad, el aumento de la ansiedad empieza a limitar la eficiencia cognitiva. Por ejemplo, en esa zona de rendimiento desastroso los estudiantes a los que las matemáticas provocan ansiedad pueden prestar menos atención al resolver un problema. Las preocupaciones ocupan parte de la concentración que necesitan, lo que reduce la facultad de solucionar el problema o de asimilar nuevos conceptos.

Todo eso afecta directamente a nuestro funcionamiento en el aula o en el trabajo. Mientras estamos angustiados no pensamos con claridad y tendemos a perder interés por alcanzar siquiera los objetivos que nos importan. Los psicólogos que han estudiado los efectos del estado de ánimo en el aprendizaje han concluido que cuando los alumnos no están ni atentos ni contentos en clase solo absorben una pequeña parte de la información que se les proporciona.[58]

Esos mismos inconvenientes aparecen en el caso de los líderes. Los sentimientos negativos atenúan la empatía y el interés. Por ejemplo, los jefes malhumorados hacen más valoraciones severas del rendimiento de sus subordinados, se centran exclusivamente en lo malo y ofrecen opiniones más críticas.[59] Nuestro nivel óptimo de funcionamiento se da con grados de estrés entre moderados y estimulantes, mientras que ante una presión excesiva la mente se sobrecarga.

EL PODER Y EL FLUJO EMOCIONAL

Siempre que una reunión amenazaba con enrarecerse, el presidente de determinada compañía iniciaba de repente una crítica a alguno de los asistentes que pudiera encajarla (normalmente el director de marketing, que era su mejor amigo). A continuación pasaba con rapidez a otro tema, tras haber captado la atención de todos los presentes. Esa táctica servía indefectiblemente para que resurgiera el interés a pesar del cansancio, ya que en la práctica hacía subir a todo el mundo por la U invertida y pasar del aburrimiento a la implicación.

En las muestras de descontento de un líder entra en juego el contagio emocional. Si se calibra con astucia, incluso un arrebato de resentimiento puede servir para llamar la atención de los empleados y motivarlos. Muchos líderes eficientes se dan cuenta de que, al igual que los elogios, una dosis de rabia bien calculada puede infundir vigor. Lo importante es que el mensaje de insatisfacción haga avanzar a la gente hacia su punto de rendimiento óptimo, pero sin pasarse de largo del punto de inflexión, a partir del cual la angustia bloquea el rendimiento.

Hay muchos tipos de socios emocionales. En el contagio entra en juego una dinámica de poder que determina cuál es el cerebro que va a arrastrar con más fuerza a los demás hacia su órbita. Las neuronas espejo son instrumentos de liderazgo: las emociones fluyen con una potencia especial de una persona con mucho dominio social a otra con menos.

Como ya se ha dicho, los miembros de un grupo cualquiera prestan más atención de forma natural a lo que dice y hace la persona más poderosa y le dan más importancia. Con eso se multiplica la fuerza del mensaje emocional que envíe el líder y sus emociones resultan especialmente transmisibles. En una ocasión oía a la responsable de una pequeña empresa comentar con bastante tristeza: «Cuando tengo la cabeza llena de rabia, los demás se contagian como si fuera el virus de la gripe.»

Esa potencia emocional se puso a prueba cuando se indujo un estado de ánimo positivo o negativo en cincuenta y seis jefes de equipos de trabajo simulados y se observó su posterior repercusión emocional en los grupos a su cargo.[60] Los que tenían líderes alegres aseguraron sentirse de mejor humor y, lo que quizá viene más al caso, coordinaron mejor su trabajo y rindieron más con menos esfuerzo. En cambio, los equipos con jefes malhumorados perdieron pie y acabaron siendo ineficientes. Peor aún: los nervios los empujaron a hacer esfuerzos desesperados para agradar al líder que desembocaron en decisiones erróneas y estrategias mal concebidas.

Si bien expresar el descontento con el ingenio necesario puede resultar un estímulo adecuado, ponerse desagradable es una táctica contraproducente para el liderazgo. Cuando un jefe recurre habitualmente al mal genio para motivar, da la impresión de que se trabaja más, pero no necesariamente se trabaja mejor. Además, las demostraciones insensibles de mal humor minan el clima emocional, con lo que se bloquea la capacidad del cerebro para trabajar en óptimas condiciones.

En ese sentido, el liderazgo se reduce a una serie de intercambios sociales en los que el líder puede dirigir las emociones de los demás con un rumbo positivo o negativo. En los intercambios de mayor calidad, el subordinado nota la atención y la empatía del líder, su respaldo y su positividad. En los de poca calidad, en cambio, se siente aislado y amenazado.

La transmisión de estados de ánimo del líder al subordinado es representativa de cualquier relación en la que una persona ostente poder sobre otra, como las de un profesor y un alumno, un médico y un paciente o un padre y un hijo. A pesar del diferencial de poder de esos ejemplos, en todos existe un potencial benéfico: impulsar el crecimiento, la educación o la curación de la persona menos poderosa.

Otro motivo de peso para que los líderes presten atención a lo que dicen a los empleados es que la gente recuerda las interacciones negativas con un jefe con más intensidad, con más detalle y con más frecuencia que en el caso de las positivas. La facilidad con la que un líder puede propagar la desmotivación hace que sea aún más imperativo que actúe de modo que las emociones que deje tras de sí sean constructivas.[61]

La insensibilidad de un superior no solo intensifica el riesgo de perder a trabajadores competentes, sino que dinamita la eficiencia cognitiva. Un líder con inteligencia social ayuda a la gente a contener la angustia emocional y a recuperarse de ella. Aunque solo sea desde una perspectiva empresarial, el líder hará bien en reaccionar con empatía y no con indiferencia, y debe también actuar en consecuencia.

JEFES: EL BUENO, EL FEO Y EL MALO

Cualquier trabajador con amplia experiencia recordará fácilmente dos tipos de jefes: le encantaba estar a las órdenes de unos, y otros le resultaban insoportables. He pedido a docenas de grupos, en reuniones con directores generales o en convenciones de maestros de escuelas, y en ciudades tan dispares como São Paulo, Bruselas o San Luis, que hicieran una lista con las características de los jefes que habían tenido. Por muy distintos que sean los participantes, las listas que entregan siempre se parecen mucho a esta:

JEFE BUENO	JEFE MALO
SABE ESCUCHAR	NO PRESTA ATENCIÓN
OFRECE ESTÍMULOS	ES DUBITATIVO
ES BUEN COMUNICADOR	ES HERMÉTICO
ES VALIENTE	INTIMIDA
TIENE SENTIDO DEL HUMOR	TIENE MAL GENIO
MUESTRA EMPATÍA	ES EGOCÉNTRICO
ES DECIDIDO	ES INDECISO
ACEPTA SU RESPONSABILIDAD	ECHA LAS CULPAS A LOS DEMÁS
ES MODESTO	ES ARROGANTE
COMPARTE LA AUTORIDAD	DESCONFÍA

Los mejores jefes son personas en las que se puede confiar, que demuestran empatía, que están conectadas y con las que nos sentimos tranquilos, valorados e inspirados. Los peores (distantes, difíciles y arrogantes) nos incomodan en el mejor de los casos y nos provocan resentimiento en el peor.

Esas listas de atributos opuestos encajan con el tipo de padre que por un lado aporta seguridad y por el otro provoca ansiedad. De hecho, la dinámica emocional de la gestión de trabajadores tiene mucho que ver con la educación de los hijos. Nuestros padres conforman un modelo básico de armazón de seguridad en la infancia y luego, a lo largo de la vida, otras personas van haciendo sus aportaciones. En el colegio los profesores desempeñan ese papel; en el trabajo lo asume el jefe.

«El armazón de seguridad ofrece protección, energía y bienestar, y nos permite liberar nuestra energía», me dijo en una ocasión George Kohlrieser, psicólogo y profesor de liderazgo del Instituto Internacional de Desarrollo de la Dirección de Empresas de Suiza, que señala que contar con una estructura de seguridad en el trabajo es determinante para rendir bien.

La sensación de seguridad, afirma Kohlrieser, permite que el individuo se concentre mejor en el trabajo que lo ocupa, consiga sus objetivos y no entienda los obstáculos como amenazas, sino como retos. Por el contrario, si está ansioso enseguida se obsesiona con el fantasma del fracaso y teme que lo rechacen o abandonen (en este contexto, que lo despidan) por un mal resultado, por lo que es demasiado cauto.

Según las conclusiones de Kohlrieser, la gente que considera que su jefe ofrece un armazón de seguridad es más libre para explorar, mostrarse alegre, correr riesgos, innovar y aceptar nuevos retos. Otra ventaja en el terreno laboral: si los líderes logran ese clima de confianza y seguridad, cuando hagan una observación negativa sobre el rendimiento de un empleado este no solo se mostrará más receptivo, sino que verá positivo recibir información, aunque le cueste aceptarla.

Sin embargo, y al igual que un padre, el líder no debe proteger a los trabajadores de todas las tensiones y fuentes de estrés; la capacidad de recuperación se construye a partir de cierto grado de incomodidad generada por presiones laborales necesarias. De todos modos, un exceso de estrés abruma, por lo que el líder astuto hace las veces de armazón de seguridad reduciendo en la medida de lo posible las presiones abrumadoras, o al menos no empeorándolas.

Por ejemplo, un ejecutivo de nivel medio me contó lo siguiente: «Mi jefe es un gran amortiguador. Cuando recibe presiones de la sede central por nuestro rendimiento económico, y suelen ser considerables, no nos las transmite. En cambio, el director de una división paralela a la nuestra sí, y somete a todos sus subordinados a una evaluación trimestral de ganancias y pérdidas, uno por uno, y eso a pesar de que los productos que crean tardan en llegar al mercado entre dos y tres años.»

Por otro lado, si los miembros de un equipo de trabajo tienen capacidad de recuperación, están muy motivados y son competentes (en otras palabras, si tienen puntos de inflexión elevados en la U invertida), su líder puede mostrarse exigente y desafiante y aun así conseguir buenos resultados. El desastre puede producirse cuando un líder de ese tipo, de los que ejercen mucha presión, pasa a una cultura menos entusiasta. Un ejecutivo de un banco de inversiones me habló de un líder «perseverante, directo, infatigable» que pegaba gritos si algo le parecía mal. Cuando su empresa se fusionó con otra «el mismo estilo que antes le había funcionado espantó a todos los directivos que no habían trabajado antes con él, que lo consideraban insufrible. Dos años después de la fusión la cotización de las acciones de la compañía todavía no había subido».

Ningún niño puede eludir el dolor emocional que acompaña al crecimiento y del mismo modo la toxicidad emocional parece ser una consecuencia normal de la vida laboral: se producen despidos, la dirección aplica medidas injustas y los trabajadores frustrados descargan sus frustraciones en sus colegas. Los motivos son muy variados: jefes agresivos o compañeros desagradables, burocracia frustrante o cambios caóticos. Y las reacciones van de la angustia a la rabia, de la pérdida de confianza a la desesperación.

Por fortuna, probablemente, no tenemos que depender solo del jefe. Los compañeros, un equipo de trabajo, los amigos de la oficina o incluso la empresa en sí pueden proporcionarnos un armazón de seguridad. En un entorno laboral concreto, todo el mundo contribuye a la atmósfera emocional, suma total de los estados de ánimo que surgen de las interacciones producidas a lo largo de la jornada. Da igual el papel que ocupemos: la forma de hacer nuestro trabajo, nuestras relaciones con los demás y los sentimientos que les provoquemos contribuyen al tono emocional general.

Por ejemplo, podemos tener un supervisor o un compañero al que recurrimos cuando nos agobiamos, y solo saber que contamos con él nos tranquiliza. Para muchos trabajadores, los colegas acaban siendo como una familia, un grupo cuyos miembros sienten un fuerte vínculo emocional. De ahí surge una lealtad mutua especial. Cuanto más fuertes sean los lazos emocionales entre los trabajadores, más motivados, productivos y satisfechos con su ocupación estarán.

La sensación de implicación y satisfacción en el trabajo es consecuencia en gran medida de los cientos y cientos de interacciones diarias que mantenemos allí, sea con un supervisor, con compañeros o con clientes. La acumulación y la frecuencia de los momentos positivos frente a los negativos determina en gran parte nuestra satisfacción y nuestra capacidad de rendimiento; los pequeños intercambios (un elogio por un trabajo bien hecho, una palabra de ánimo tras un revés) determinan cómo nos sentimos en el trabajo.[62]

El hecho de tener una persona en la que confiar en el entorno laboral, aunque solo sea una, puede mejorar mucho nuestro estado de ánimo. En estudios realizados con más de cinco millones de empleados de casi quinientas empresas, uno de los mejores indicadores de la felicidad de los individuos era si estaban de acuerdo con la frase «Tengo un gran amigo en el trabajo».[63]

Cuantas más fuentes de apoyo emocional de ese tipo tengamos en el entorno laboral mejor nos irá. Un grupo cohesionado con un líder seguro de sí mismo (y que además fomente la seguridad en los demás) da lugar a un clima emocional que puede resultar tan contagioso que incluso quienes suelen ponerse muy ansiosos acaban relajándose.

En ese sentido, el director de un prestigioso equipo científico me dijo: «Nunca contrato a nadie en el laboratorio si antes no ha trabajado provisionalmente con nosotros durante un tiempo. Lo que hago es pedir la opinión de los compañeros y acatarla. Si la química interpersonal no es buena, no quiero arriesgarme a contratar a nadie, por muy bueno que sea en otros aspectos.»

EL LÍDER CON INTELIGENCIA SOCIAL

El departamento de recursos humanos de una gran empresa organizó un taller de un día de duración a cargo de un célebre experto en el campo de especialización de la compañía. Se presentaron más asistentes de los esperados y en el último momento el acto se trasladó a una sala más espaciosa, lo bastante grande para todo el mundo pero mal acondicionada, de modo que a los que estaban sentados detrás les costaba ver y oír bien al ponente. Durante la pausa de media mañana, una mujer situada al fondo se dirigió muy decidida al director de recursos humanos y, enfadadísima, se quejó de que no alcanzaba ni a ver la pantalla en la que se proyectaba la imagen del experto ni a oír sus palabras.

«Sabía que lo único que podía hacer era escuchar, demostrar empatía, reconocer su problema y decirle que haría todo lo que estuviera en mi mano para solucionarlo —me contó él—. Antes de que acabara la pausa me dirigí a la gente de audiovisual para tratar al menos de que levantaran la pantalla, y ella me vio. Respecto a la mala acústica de la sala no podía hacer gran cosa.

»Al final de la jornada volví a hablar con ella. Me dijo que no había visto ni oído mucho más que al principio, pero que se le había pasado el mal humor. Agradecía mucho que la hubiera atendido y hubiera tratado de echar una mano.»

Cuando los trabajadores están enfadados y angustiados, un líder como el director de recursos humanos puede intentar, al menos, escucharlos con empatía, demostrar interés y tener una muestra de buena voluntad para mejorar las cosas.

Ese esfuerzo, consiga o no resolver el problema, es positivo desde el punto de vista emocional. Al prestar atención a lo que siente el otro, el líder ayuda a metabolizarlo, para que el trabajador pueda avanzar en lugar de estancarse en la rabia.

En realidad, el líder no tiene por qué estar de acuerdo con la postura o la reacción del empleado, pero, con solo escuchar su punto de vista y luego disculparse en caso necesario o buscando el remedio pertinente, reduce en parte la toxicidad y resta poder destructor a las emociones negativas. En un estudio realizado con trabajadores de setecientas empresas, la mayoría aseguró que un jefe atento les parecía más importante que la nómina que cobraban.[64] Ese dato presenta implicaciones laborales que van más allá de que la gente esté a gusto. En la misma investigación se demostró que si a un empleado le cae bien su jefe se fomentan claramente tanto la productividad como el tiempo de permanencia en el puesto de trabajo. Ante la pregunta de si aceptaría tener un jefe tóxico a cambio de un buen sueldo, la gente responde que no... a no ser que la cantidad fuera tan elevada que permitiera ahorrar suficiente dinero para luego mandarlo a freír espárragos y despedirse sin la más mínima preocupación.

El punto de partida del liderazgo basado en la inteligencia social es estar muy presente y lograr sintonía. Una vez el líder está implicado puede entrar en juego todo el repertorio de la inteligencia social, desde la detección de lo que sienten los demás y por qué hasta una interacción lo bastante fluida para llevarlos a un estado de ánimo positivo. No existe una receta mágica de lo que debe aplicarse en las distintas situaciones, no hay una lista de los cinco pasos necesarios para aplicar la inteligencia social en el trabajo, pero, hagamos lo que hagamos al interactuar, la única medida del éxito será comprobar en qué punto de la U invertida se sitúa cada uno.

Las empresas están a la vanguardia de la aplicación de

la inteligencia social. Como la gente trabaja cada vez más horas, el entorno laboral puede sustituir a la familia, al pueblo y a la red social, pero aun así a casi todos puede echarnos el jefe cuando le apetezca. Esa ambivalencia inherente al mundo laboral supone que en cada vez más empresas la esperanza y el miedo campen a sus anchas.

Una buena gestión de los trabajadores no puede hacer caso omiso de esas corrientes afectivas subterráneas: tienen consecuencias humanas claras e influyen en la capacidad de lograr un rendimiento óptimo. Además, todos los jefes de todos los niveles harían bien en recordar que, dado que las emociones son muy contagiosas, su actuación puede servir para empeorar o mejorar las cosas.

El desarrollo de la inteligencia emocional

Adaptado de *El cerebro y la inteligencia emocional:
nuevos descubrimientos*

Puede que haya oído que nacemos con una inmensa cantidad de neuronas que después vamos perdiendo sin parar hasta que morimos. Pues bien, con respecto a eso hay una buena noticia: la neuromitología.

Ahora se cree que existe un proceso llamado *neurogénesis* mediante el cual el cerebro genera a diario diez mil células madre que se dividen en dos. Una mitad forma una línea hija que sigue creando células madre y la otra migra a la parte del cerebro donde haga falta y se transforma en el tipo de célula requerido. Muy a menudo su cometido tiene que ver con el aprendizaje. A lo largo de los cuatro meses siguientes, esa nueva célula forma unas diez mil conexiones con otras para crear nuevos circuitos.

Los estudios más modernos de ese proceso surgirán de laboratorios como el de Richard Davidson, con una enorme potencia informática, ya que en la actualidad hay innovadores programas de neuroimagen que pueden detectar y mostrar esa nueva conectividad célula a célula.

La neurogénesis nos permite conocer mejor la neuro-plasticidad, el hecho de que el cerebro se reestructure continuamente en función de las experiencias que vivimos. Si aprendemos un nuevo *swing* al jugar al golf, el circuito que activamos atraerá conexiones y neuronas. Si modificamos una conducta (por ejemplo, si tratamos de prestar más atención a los demás), habrá un circuito que crecerá para adaptarse.

Por otro lado, cuando tratamos de superar una mala costumbre tenemos que enfrentarnos al espesor de los circuitos dedicados a algo que hemos practicado y repetido miles de veces. ¿Qué lecciones podemos extraer de todo ello de cara al *coaching* o para trabajar por nuestra cuenta en la mejora de una capacidad de la inteligencia emocional?

En primer lugar, busque el compromiso. Hay que movilizar la fuerza motivadora de la zona prefrontal izquierda. Si se dedica usted al *coaching*, tiene que motivar a su cliente para que se entusiasme con la idea de lograr el objetivo del cambio. En estos casos es útil recurrir a sus sueños, a la idea que tiene uno de sí mismo, a sus aspiraciones para el futuro. A partir de ahí debe trabajar los aspectos que le permitan pasar de su situación actual a la que desea alcanzar en la vida.

Llegado a este punto es bueno, si es posible, reunir el máximo de información sobre sus competencias de inteligencia emocional. Lo más adecuado es utilizar un instrumento que mida las capacidades de la IE y permita pedir a gente cuya opinión valore que lo puntúe anónimamente en lo relativo a conductas específicas que reflejen las competencias de los trabajadores estrella y los líderes. Richard Boyatzis y yo mismo, en colaboración con el Hay Group, hemos creado un instrumento de evaluación del liderazgo denominado Inventario de Competencias Emocionales y Sociales o ESCI-360. Un consultor especializado puede ayudarle a utilizar esos datos para determinar qué competencias le interesa más reforzar.

A continuación debe ser muy práctico: no trate de aprender demasiado de golpe. Centre su objetivo en una conducta concreta. Debe elegir algo fácil de aplicar, para saber exactamente qué hacer y cuándo hacerlo. Pongamos que sufre usted el síndrome de la Blackberry: tiene la mala costumbre de hacer varias cosas a la vez y básicamente no está pendiente de los demás, lo que reduce la atención que puede dedicar a buscar la compenetración y la buena química. Debe romper el hábito de simultanear tareas. Podría adoptar un plan de aprendizaje deliberado que dijera algo así: «Siempre que surja una oportunidad (cuando entre una visita en mi despacho, o cuando me dirija a ver a alguien), voy a apagar el móvil, voy a apartarme de la pantalla del ordenador, voy a dejar a un lado las ensoñaciones o las preocupaciones y voy a prestarle toda mi atención.» Así tendrá una conducta concreta que tratar de modificar.

¿Y qué le servirá de ayuda? Detecte cuándo está a punto de presentarse un momento así y actúe correctamente. Ha acabado siendo campeón olímpico en la práctica incorrecta, hasta el punto de que su «cableado neuronal» funciona así automáticamente, sin plantearse otra posibilidad. Las conexiones que se activan en esos casos son erróneas. Cuando empieza a formar ese nuevo hábito más adecuado, en esencia lo que hace es crear nuevos circuitos que compiten con la mala costumbre en una especie de darwinismo neuronal. Para que la nueva conducta adquiera la firmeza suficiente usted debe recurrir a la fuerza de la neuroplasticidad: debe repetirla una y otra vez.

Si persevera, los nuevos circuitos se conectarán y cobrarán cada vez más fuerza, hasta que un día haga lo que tiene que hacer y como lo tiene que hacer sin pensárselo dos veces. En ese momento los circuitos estarán tan conectados y serán tan gruesos que el cerebro los activará automáticamente. Cuando se produzca ese cambio, el hábito corregido pasará a ser lo habitual.

¿Durante cuánto tiempo y cuántas veces hay que repetir una acción hasta que queda programada? Lo cierto es que empieza a programarse la primera vez que se practica. Cuando más se repite mayor es la conectividad. La frecuencia necesaria para que pase a ser la nueva respuesta automática del cerebro depende en parte de lo fuerte que sea el antiguo hábito que vaya a reemplazar. Por lo general son necesarios entre tres y seis meses de empleo de todas las oportunidades que aparezcan espontáneamente para que la nueva costumbre sea más natural que la vieja.

También existe la posibilidad de practicar siempre que se disponga de un poco de tiempo libre, gracias al ensayo mental, que pone en funcionamiento los mismos circuitos neuronales que la actividad real. Por eso, cuando no están entrenando los deportistas olímpicos repasan sus movimientos mentalmente, porque así también se ejercitan. Con ese método se mejora la capacidad de rendimiento cuando llega el momento de actuar de verdad.

Richard Boyatzis lo utiliza desde hace años con sus alumnos de administración de empresas de la Escuela de Gestión Weatherhead de la Universidad Case Western Re-

serve, a los que después ha seguido en su trayectoria laboral durante períodos de hasta siete años, para constatar que
los compañeros de trabajo de sus antiguos alumnos se-
guían considerando que tenían un buen nivel en las competencias que habían mejorado en su clase.

Apéndice

Las competencias del liderazgo

Adaptado de *El líder resonante crea más*

LA AUTOCONCIENCIA

- **La autoconciencia emocional.** Los líderes con un buen nivel de autoconciencia emocional conectan con sus señales internas y reconocen el efecto que tienen sus sentimientos en ellos mismos y en su rendimiento laboral. Están en sintonía con sus valores de referencia y con frecuencia intuyen cuál es la mejor decisión, teniendo en cuenta el contexto general de una situación compleja. Los líderes con autoconciencia emocional pueden mostrarse francos y auténticos, ser capaces de hablar sin tapujos de sus emociones y estar convencidos de sus principios fundamentales.

- **La autoevaluación certera.** Por lo general, los líderes con buen nivel de autoconciencia conocen sus limitaciones y sus puntos fuertes, y son capaces de reírse de sí mismos. Reconocen con dignidad en qué tienen que mejorar y reciben de buen grado las críticas constructivas y los comentarios sobre su rendimiento. Una autoevaluación certera les permite saber cuándo deben pedir ayuda y en qué deben concentrarse para dar nueva fuerza a su liderazgo.

- **La confianza en uno mismo.** Conocer bien las propias capacidades permite a los líderes sacar el máximo partido a sus puntos fuertes. Los jefes que confían en sí mismos pueden recibir con ilusión un encargo difícil. A menudo su presencia se hace notar y hacen gala de una desenvoltura que los faculta para destacar en un grupo.

LA AUTOGESTIÓN

- **El autocontrol.** Los líderes con autocontrol emocional encuentran formas de gestionar los sentimientos y los impulsos perturbadores que los asaltan, e incluso de canalizarlos para aprovecharlos. Un ejemplo claro de autocontrol es el del líder que no pierde los nervios ni la lucidez ante un gran estrés ni durante una crisis, o que permanece imperturbable incluso en una situación ardua.
- **La transparencia.** Los líderes transparentes son fieles a sus valores. La transparencia (franqueza auténtica ante los demás con respecto a lo que se siente, se cree y se hace) hace posible la integridad. Esos líderes reconocen sin problemas sus faltas o sus errores

y plantan cara a la conducta inmoral de los demás en lugar de hacer la vista gorda.

- **La adaptabilidad.** Los líderes con capacidad de adaptación pueden compaginar varias tareas sin perder ni concentración ni energía, y se sienten cómodos con las ambigüedades inevitables de la vida empresarial. Pueden demostrar flexibilidad al adaptarse a nuevos retos, agilidad al amoldarse a cambios inesperados y soltura al reaccionar ante datos o realidades imprevistos.

- **La capacidad de consecución.** Los líderes que destacan en capacidad de consecución tienen valores morales bien definidos que los llevan a buscar siempre mejores resultados tanto propios como en sus subordinados. Son pragmáticos y se ponen objetivos medibles pero estimulantes, y se les da bien calcular los riesgos para que sus aspiraciones valgan la pena pero sean alcanzables. Un rasgo de la capacidad de consecución es aprender de forma continuada y enseñar a los demás a mejorar.

- **La iniciativa.** Los líderes que se consideran eficientes, que creen que tienen lo que hace falta para llevar las riendas de su destino, presentan excelentes niveles de iniciativa. Aprovechan las oportunidades o sencillamente las crean, en lugar de sentarse a esperar que aparezcan. Son individuos que no vacilan a la hora de simplificar trámites burocráticos o incluso adaptar las normas si es necesario para crear mejores posibilidades para el futuro.

- **El optimismo.** Los líderes optimistas son capaces de aceptar las cosas como vienen y al toparse con un revés percibir una oportunidad y no una amenaza. Son personas con una concepción positiva de los demás, de quienes esperan lo mejor. Ver el vaso medio lleno los conduce a esperar que los cambios que traiga el futuro sean para mejor.

LA CONCIENCIA SOCIAL

- **La empatía.** Los líderes con empatía tienen capacidad para compenetrarse con un amplio abanico de señales emocionales, lo que les permite detectar lo que sienten pero no dicen una persona concreta o un grupo. Se caracterizan por escuchar con atención y por ser capaces de comprender la perspectiva del interlocutor. Gracias a la empatía un líder puede llevarse bien con personas de orígenes diversos o de otras culturas.
- **La conciencia organizativa.** Los líderes con una buena conciencia social pueden ser astutos en el terreno político, detectar redes sociales determinantes y reconocer relaciones de poder cruciales. Son capaces de comprender las fuerzas políticas que operan en una empresa, así como los valores rectores y las reglas tácitas que se aplican.
- **El servicio.** Los líderes con una buena competencia en cuanto a servicio promueven un clima emocional adecuado para que las personas en contacto directo con los clientes lleven la relación por el buen camino. Prestan mucha atención a la satisfacción del cliente para garantizar que tenga todo lo que nece-

sita, y también se muestran disponibles siempre que haga falta.

LA GESTIÓN DE LAS RELACIONES

- **La inspiración.** Los líderes que inspiran crean resonancia por un lado e impulsan a la gente con una visión convincente o una misión compartida por el otro. Son la encarnación de lo que piden a los demás y se muestran capaces de articular un objetivo común de modo que los demás se sientan estimulados. Transmiten, más allá de las tareas cotidianas, la sensación de que todos trabajan por un mismo fin, con lo que su actividad resulta más atractiva.

- **La influencia.** Los indicadores de la capacidad de influencia de un líder van de encontrar el punto de interés más adecuado para un oyente concreto a saber conseguir el respaldo de individuos clave y de una red de apoyo para una iniciativa determinada. Los líderes a los que se les da bien la influencia son convincentes y seductores cuando se dirigen a un grupo.

- **El desarrollo de los demás.** Los líderes con buena mano para cultivar las capacidades de los demás muestran un interés sincero por las personas a las que ayudan y comprenden sus objetivos, sus puntos fuertes y sus flaquezas. Pueden hacer aportaciones oportunas y constructivas y tienen madera de mentores o de *coaches*.

- **La capacidad de impulsar el cambio.** Los líderes capaces de impulsar el cambio saben reconocer la necesidad de renovación, poner en tela de juicio el statu quo y defender el nuevo orden. Pueden respaldar el cambio con convicción incluso aunque se encuentren con grandes obstáculos y saben argumentar bien sus opiniones. También encuentran formas prácticas de superar los impedimentos con lo que se topan.

- **La gestión de los conflictos.** Los líderes que mejor gestionan los conflictos saben escuchar a todas las partes, comprenden los distintos puntos de vista y encuentran un ideal común que todo el mundo pueda defender. Sacan el conflicto a la superficie, recogen los sentimientos y las opiniones de todos los implicados y luego redirigen la energía hacia un ideal común.

- **El trabajo en equipo y la colaboración.** Los líderes a los que se les da bien trabajar en equipo generan una atmósfera de armonía y son personalmente un modelo de respeto, atención y cooperación. Dirigen a los demás a un compromiso activo y entusiasta con el esfuerzo colectivo y construyen concordia e identidad. Asimismo, dedican tiempo a forjar y cimentar relaciones estrechas que superan las meras obligaciones laborales.

Notas

UNA SINERGIA SORPRENDENTE

1. Mayer, J. D.; Salovey, P., y Caruso, D. R., «Models of Emotional Intelligence», en Sternberg, R. J. (ed.), *Handbook of Intelligence*, Cambridge University Press, Cambridge (Reino Unido), 2000.

MANDAR CON CORAZÓN

2. Sobre el accidente del piloto amedrentador véase: Lavin, Carl, «When Moods Affect Safety: Communications in a Cockpit Mean a Lot a Few Miles Up», *The New York Times* (26 de junio de 1994).

3. Sobre el estudio realizado con esos doscientos cincuenta ejecutivos véase: Maccoby, Michael, «The Corporate Climber Has to Find His Heart», *Fortune* (diciembre de 1976).

4. Hendrie Weisinger, psicólogo de la Facultad de Economía de la Universidad de California en Los Ángeles

(UCLA), fue quien me contó la historia del vicepresidente sarcástico. Su libro es *The Critical Edge: How to Criticize Up and Down the Organization and Make It Pay Off*, Little, Brown, Boston, 1989.

5. El estudio sobre las ocasiones en los que los directivos habían perdido los nervios corrió a cargo de Robert Baron, psicólogo del Instituto Politécnico Rensselaer, al que entrevisté para *The New York Times* (11 de septiembre de 1990).

6. Sobre las críticas como motivo de conflicto véase: Baron, Robert, «Countering the Effects of Destructive Criticism: The Relative Efficacy of Four Interventions», *Journal of Applied Psychology*, 75, 3 (1990).

7. Sobre las críticas concretas e imprecisas véase: Levinson, Harry, «Feedback to Subordinates», *Addendum to the Levinson Letter*, Levinson Institute, Waltham (Massachusetts), 1992.

EL COEFICIENTE INTELECTUAL COLECTIVO

8. El concepto de inteligencia colectiva se expone en: Williams, Wendy y Sternberg, Robert, «Group Intelligence: Why Some Groups Are Better Than Others», *Intelligence* (1988).

9. El estudio de las estrellas de los laboratorios Bell se recogió en Kelley, Robert y Caplan, Janet, «How Bell Labs Creates Star Performers», *Harvard Business Review* (julio-agosto de 1993).

10. La utilidad de las redes informales se recoge en Krackhardt, David y Hanson, Jeffrey R., «Informal Net-

works: The Company Behind the Chart», *Harvard Business Review* (julio-agosto de 1993), p. 104.

EL LIDERAZGO ESENCIAL

11. Sobre el efecto reconfortante véase: Berkman, Lisa *et al.*, «Emotional Support and Survival after Myocardial Infarction», *Annals of Internal Medicine* (1992).

12. Sobre el estrés y la mortandad véase: Rosengren, Anika *et al.*, «Stressful Life Events, Social Support and Mortality in Men Born in 1933», *British Medical Journal*, 207, núm. 17 (1983), pp. 1.102-1.106.

13. Sobre la regulación límbica véase: Thomas, Lewis, Amini, Fari, y Lannon, Richard, *A General Theory of Love*, Nueva York: Random House, 2000.

14. Sobre el reflejo emocional véase: Levenson, Robert, Universidad de California en Berkeley, comunicación personal.

15. Sobre la transmisión de la expresividad véase: Friedman, Howard y Riggio, Ronald, «Effect of Individual Differences in Nonverbal Expressiveness on Transmission of Emotion», *Journal of Nonverbal Behavior*, 6 (1981), pp. 32-58.

16. Sobre los estados de ánimo colectivos véase: Kelly, Janice R. y Barsade, Sigal, «Moods and Emotions in Small Groups and Work Teams», documento de trabajo, Escuela de Dirección de Empresas de la Universidad de Yale, New Haven, Connecticut, 2001.

17. Sobre los estados de ánimo compartidos en los grupos de trabajo véase: Bartel, C. y Saavedra, R., «The Co-

llective Construction of Work Group Moods», *Administrative Science Quarterly*, 45 (2000), pp. 187-231.

18. Sobre los estados de ánimo registrados por enfermeros y contables véase: Totterdell, Peter *et al.*, «Evidence of Mood Linkage in Work Groups», *Journal of Personality and Social Psychology*, 74 (1998), pp. 1.504-1.515.

19. Sobre los equipos deportivos véase: Totterdell, Peter, «Catching Moods and Hitting Runs: Mood Linkage and Subjective Performance in Professional Sports Teams», *Journal of Applied Psychology*, 85, núm. 6 (2000), pp. 848-859.

20. Sobre el efecto dominó del liderazgo véase: Bachman, Wallace, «Nice Guys Finish First: A SYMLOG Analysis of US Naval Commands», en Polley, Richard Brian; Hare, A. Paul, y Stone, Philip J. (ed.), *The SYMLOG Practitioner: Applications of Small Group Research*, Nueva York: Praeger, 1988.

21. Sobre el efecto emocional del líder en los grupos de trabajo véase: Pascosolido, Anthony T., «Emotional Intensity in Groups» (tesis doctoral, Departamento de Conducta en las Organizaciones, Universidad Case Western Reserve, 2000).

22. Sobre los líderes como gestores de significado véase: Gardner, Howard, *Leading Minds: An Anatomy of Leadership*, Nueva York: Basic Books, 1995.

23. Sobre los líderes informales véase: Druskat, V. U. y Pascosolido, A. T., «Leading SelfManaging Work Teams from the Inside: Informal Leader Behavior and Team Outcomes», entregado para publicación, 2001.

24. Sobre los estados de ánimo, el contagio y el rendimiento laboral véase: Barsade, Sigal y Gibson, Donald E.,

«Group Emotion: A View from the Top and Bottom», en Gruenfeld, D. *et al.* (ed.), *Research on Managing Groups and Teams*, Greenwich (Connecticut): JAI Press, 1998.

25. Sobre la facilidad de contagio de la sonrisa véase: Levenson, Robert y Ruef, Anna, «Emotional Knowledge and Rapport», en William Ickes (ed.), *Empathic Accuracy*, Nueva York: Guilford Press, 1997.

26. Sobre la risa como reacción involuntaria véase: Small, Meredith, «More Than the Best Medicine», *Scientific American*, vol. 283, núm. 2 (agosto de 2000), p. 24.

27. Sobre la risa como comunicación de cerebro a cerebro véase: Provine, Robert, *Laughter: A Scientific Investigation*, Nueva York: Viking Press, 2000, p. 133.

28. Sobre los ataques de risa véase: *ibid.*

29. Sobre el efecto que tiene el estado de ánimo positivo de un líder sobre la reducción de los cambios voluntarios de puesto de trabajo véase, por ejemplo: George, Jennifer M. y Bettenhausen, Kenneth, «Understanding Prosocial Behavior, Sales Performance, and Turnover: A Group-Level Analysis in Service Context», *Journal of Applied Psychology*, 75, núm. 6 (1990), pp. 698-706.

30. Sobre la serenidad y las decisiones arriesgadas véase: Sinclair, R. C., «Mood, Categorization Breadth, and Performance Appraisal», *Organizational Behavior and Human Decision Processes*, 42 (1988), pp. 22-46.

31. Sobre la ira y el liderazgo véase: George, Jennifer M., «Emotions and Leadership: The Role of Emotional Intelligence», *Human Relations*, 53, 8 (2000), pp. 1.027-1.055.

32. Sobre la persistencia de los estados de ánimo existe una amplia bibliografía que muestra su efecto autopo-

tenciador. Véase, por ejemplo: Bower, Gordon H., «Mood Congruity of Social Judgments», en Forgas, Joseph (ed.), *Emotion and Social Judgments*, Oxford: Pergamon Press, 1991, pp. 31-53.

33. Sobre el estudio de Yale relativo al estado de ánimo y el rendimiento véase: Barsade, Sigal, «The Ripple Effect: Emotional Contagion in Groups», documento de trabajo 98, Escuela de Dirección de Empresas de la Universidad de Yale, New Haven, Connecticut, 2000.

34. Sobre los jefes y los sentimientos negativos véase: Basch, John y Fisher, Cynthia D., «Affective Events-Emotions Matrix: A Classification of Job-Related Events and Emotions Experienced in the Workplace», en Ashkanasy, Neil; Zerbe, Wilfred J., y Hartel, Charmine E. J., *Emotions in the Workplace: Research, Theory and Practice*, Westport (Connecticut): Quorum Books, 2000, pp. 36-48.

35. Sobre la influencia negativa de la angustia en la empatía y la capacidad social véase: Henriques, Jeffrey B. y Davidson, Richard J., «Brain Electrical Asymmetries During Cognitive Task Performance in Depressed and Nondepressed Subjects», *Biological Psychiatry*, 42 (1997), pp. 1.039-1.050.

36. Sobre el hecho de que las emociones reflejen la calidad de la vida laboral véase: Fisher, Cynthia D. y Noble, Christopher S., «Affect and Performance: A Within Persons Analysis», ponencia presentada en la Reunión Anual de la Academia de Dirección de Empresas, Toronto, 2000.

37. La satisfacción laboral no es lo mismo que sentirse bien mientras se trabaja. Véase: Fisher, Cynthia D., «Mood and Emotions While Working: Missing Pieces of Job Satisfaction?», *Journal of Organizational Behavior*, 21

(2000), pp. 185-202. Véase también: Weiss, Howard, Nicholas, Jeffrey, y Daus, Catherine, «An Examination of the Joint Effects of Affective Experiences and Job Beliefs on Job Satisfaction and Variations in Affective Experiences over Time», *Organizational Behavior and Human Decision Processes*, 78, núm. 1 (1999), pp. 1-24.

38. Sobre los beneficios mentales del buen humor véase Isen, A. M., «Positive Affect», en Dalgleish, Tim y Power, Mick J., *Handbook of Cognition and Emotion*, Chichester (Reino Unido): Wiley, 1999.

39. Sobre el buen humor y el rendimiento véase: Fisher, C. D. y Noble, C. S., «Emotion and the Illusory Correlation between Job Satisfaction and Job Performance», ponencia presentada en el II Congreso sobre Emociones en la Vida Empresarial, Toronto, agosto de 2000.

40. Sobre las ventas de seguros véase: Seligman, Martin E. y Schulman, Peter, «The People Make the Place», *Personnel Psychology*, 40 (1987), pp. 437-453.

41. Las conclusiones sobre el efecto del sentido del humor en la eficiencia laboral se recogen en: Clouse, R. W. y Spurgeon, K. L., «Corporate Analysis of Humor», *Psychology: A Journal of Human Behavior*, 32 (1995), pp. 1-24.

42. Sobre los directores generales y sus equipos de gestión véase: Barsade, Sigal G.; Ward, Andrew J. *et al.*, «To Your Heart's Content: A Mode of Affective Diversity in Top Management Teams», *Administrative Science Quarterly*, 45 (2000), pp. 802-836.

43. Sobre el aumento de los beneficios gracias a una mejora del clima de servicio véase: Spencer, Lyle, ponencia presentada en el congreso del Consorcio para la Inves-

tigación de la Inteligencia Emocional en la Empresa, Cambridge (Massachusetts), 19 de abril de 2001.

44. Sobre la moral pesimista de los encargados de la atención al cliente y el descenso de los ingresos véase: Schneider, Benjamin y Bowen, D. E., *Winning the Service Game*, Boston: Harvard Business School Press, 1995.

45. Sobre la influencia del estado de ánimo en las unidades de asistencia cardíaca véase: Schneider y Bowen, *op. cit.*

46. Sobre el estado de ánimo, la atención al cliente y las ventas véase: George y Bettenhausen, *op. cit.*

47. Sobre el análisis que vincula el clima laboral y el rendimiento véanse: McClelland, David, «Identifying Competencies with Behavioral-Event Interviews», *Psychological Science*, 9 (1998), pp. 331-339, y Williams, Daniel, «Leadership for the 21st Century: Life Insurance Leadership Study», Boston: LOMA/Hay Group, 1995.

48. Más en concreto, se comprobó que los estilos eran responsables de entre el cincuenta y tres y el setenta y dos por ciento de la varianza del clima empresarial. Véase Kelner, Stephen P. Jr.; Rivers, Christine A., y O'Connell, Kathleen H., «Managerial Style as a Behavioral Predictor of Organizational Climate», Boston: McBer & Company, 1996.

LAS CONDICIONES IDEALES PARA TRIUNFAR

49. Arnsten, Amy, «The Biology of Being Frazzled», *Science*, 280 (1998), pp. 1.711-1.713.

50. Sobre la intensidad del estrés y el bloqueo véase:

Noteboom, T. *et al.*, «Activation of the Arousal Response and Impairment of Performance Increase with Anxiety and Stressor Intensity», *Journal of Applied Physiology*, 91 (2001), pp. 2.039-2.101.

51. Esa disfunción afecta a los centros ejecutivos temporalmente paralizados, pero el cerebro no deja de hacer una apuesta compensatoria que puede salir bien. Pensemos en los estudios con gente sometida a mucho estrés en entornos como parques de bomberos, unidades de combate o equipos de baloncesto. Ante una presión enorme, los líderes más experimentados obtenían los mejores resultados cuando recurrían a hábitos adquiridos a lo largo de los años. Un jefe de bomberos, por ejemplo, lograba dirigir a sus hombres en pleno incendio, una situación de caos, incertidumbre y terror, fiándose de intuiciones forjadas en un largo historial de situaciones similares. Mientras que los veteranos saben instintivamente qué hacer en esos momentos tan intensos, a los novatos pueden fallarles las mejores teorías. Véase Fiedler, Fred, «The Curious Role of Cognitive Resources in Leadership», en Riggio, Ronald E. *et al.* (ed.), *Multiple Intelligences and Leadership,* Mahwah (Nueva Jersey): Erlbaum, 2002.

52. Sobre las correlaciones cerebrales de la tristeza y la alegría véase: Damasio, Antonio R. *et al.*, «Subcortical and Cortical Brain Activity During the Feeling of Self-generated Emotions», *Nature Neuroscience*, 3 (2002), pp. 1.049-1.056.

53. Los estados de ánimo positivos, por ejemplo, pueden hacer que la gente sea más realista; cuando un individuo que se siente bien tiene un objetivo importante que quiere alcanzar, busca información potencialmente útil in-

cluso aunque pueda resultar negativa y molesta. Véase, por ejemplo, Aspinwall, L. G., «Rethinking the Role of Positive Affect in Self-regulation», *Motivation and Emotion*, 22 (1998), pp. 1-32. Por otro lado, estar de muy buen humor no es necesariamente lo más indicado para cualquier tarea: una persona demasiado entusiasmada no rinde bien en una tarea detallada como comprobar un contrato. De hecho, en ocasiones un estado de ánimo negativo puede propiciar una percepción más realista cuando no todo es de color de rosa. En el momento adecuado conviene ponerse serio. Véase un análisis más en profundidad en: Ashkanasy, Neal M., «Emotions in Organizations: A Multilevel Perspective», en Ashkanasy, Neal *et al.*, *op. cit.*

54. Sobre los diagnósticos de los radiólogos véase Estrada, C. A. *et al.*, «Positive Affect Facilitates Integration of Information and Decreases Anchoring in Reasoning Among Physicians», *Organizational Behavior and Human Decision Processes*, 72 (1997), pp. 117-135.

55. Sobre la limitación de la eficiencia cognitiva debido a la ansiedad véase Ashcroft, Mark y Kirk, Elizabeth, «The Relationship Among Working Memory, Math Anxiety, and Performance», *Journal of Experimental Psychology*, 130, núm. 2 (2001), pp. 224-227.

56. Sobre el cortisol y la U invertida véase Abercrombie, Heather C. *et al.*, «Cortisol Variation in Humans Affects Memory for Emotionally Laden and Neutral Information», *Behavioral Neuroscience*, 117 (2003), pp. 505-516.

57. Al explicar la relación entre el estado de ánimo y el rendimiento en función de la U invertida simplifico bastante. Toda emoción importante tiene una clara influencia

en la forma de pensar. Los estados de ánimo afectan a los juicios y cuando nos ponemos de mal humor es más probable que no nos guste lo que vemos; en cambio, en momentos optimistas somos más compasivos o agradecidos. Véase Ashkanasy, Neal M., «Emotions in Organizations: A Multilevel Perspective», en Ashkanasy, Neal *et al.*, *op. cit.* Aunque los estados de ánimo positivos tienen grandes beneficios, las emociones negativas pueden ser útiles en determinadas situaciones. Los estados de ánimos «malos» pueden mejorar algunos tipos de rendimiento, por ejemplo, al prestar atención al detalle cuando se buscan errores o al establecer distinciones más precisas entre distintas opciones. Esa adecuación del humor a las tareas se ha estudiado con más detalle en la obra de John Mayer en la Universidad de New Hampshire. Véase un análisis de cómo afectan los estados de ánimo al rendimiento en: Caruso, David *et al.*, *The Emotionally Intelligent Manager*, San Francisco: Jossey Bass, 2004. Los neurocientíficos han empezado a analizar las formas concretas en que los distintos estados emocionales pueden fomentar algunas capacidades intelectuales. En la gama temperada, como mínimo, los estados de ánimo pueden facilitar determinadas tareas, y en algunas en concreto los negativos son útiles en ocasiones y los positivos a veces perjudiciales. Por ejemplo, la ansiedad (al menos en los niveles alcanzados al ver una escena de una película de terror) parece impulsar tareas procesadas en gran parte por el córtex prefrontal derecho, como el reconocimiento facial. El placer (provocado por una comedia) mejora tareas del hemisferio izquierdo como la función verbal. Véase Gray, Jeremy R. *et al.*, «Integration of Emotion and Cognition in the Lateral Prefrontal Cortex», *Proceedings of the National Academy of Sciences*, 199 (2002), pp. 4.115-4.120.

58. Se presenta prácticamente el mismo argumento en George y Bettenhausen, *op. cit.* y en Ashkanasy, Neal y Tse, Barry, «Transformational Leadership as Management of Emotion: A Conceptual Review», en Ashkanasy, Neal *et al.*, *op. cit.*, pp. 221-235.

59. Arnsten, Amy, «The Biology of Being Frazzled», *Science*, 280 (1998), pp. 1.711-1.713.

60. Sy, Thomas *et al.*, «The Contagious Leader: Impact of the Leader's Mood on the Mood of Group Members, Group Affective Tone, and Group Processes», *Journal of Applied Psychology*, 90 (2005), pp. 295-305.

61. Dasborough, M. T., «Cognitive Asymmetry in Employee Emotional Reactions to Leadership Behaviors», *Leadership Quarterly*, 17 (2006), pp. 163-178.

62. Ashkanasy, Neal *et al.*, «Managing Emotions in a Changing Workplace», en Ashkanasy, Neal *et al.*, *op. cit.*

63. Harter, James, Gallup Organization, informe inédito, diciembre de 2004.

64. El estudio se cita en: Zipkin, Amy, «The Wisdom of Thoughtfulness», *The New York Times* (31 de mayo de 2000), p. C5.

Autorizaciones

Mandar con corazón
Adaptado de *La inteligencia emocional*, copyright © 1995 Daniel Goleman. Reproducido con la autorización de Bantam Books, división de Random House, Inc.

¿Qué hay que tener para ser líder?
Adaptado de *Harvard Business Review*, enero de 2004.

Liderazgo que consigue resultados
Adaptado de *Harvard Business Review*, marzo de 2000.

El coeficiente intelectual colectivo
Adaptado de *La inteligencia emocional*, copyright © 1995 Daniel Goleman. Reproducido con la autorización de Bantam Books, división de Random House, Inc.

El liderazgo esencial
Adaptado de *El líder resonante crea más: el poder de la inteligencia emocional*, copyright © 2002 Daniel Goleman. Reproducido con la autorización de Harvard Business School Press.

Las condiciones ideales para triunfar
Adaptado de *Inteligencia social: la nueva ciencia de las relaciones humanas,* copyright © 2006 Daniel Goleman. Reproducido con la autorización de Bantam Books, división de Random House, Inc.

Apéndice
Adaptado de *El líder resonante crea más: el poder de la inteligencia emocional,* copyright © 2002 Daniel Goleman. Reproducido con la autorización de Harvard Business School Press.